KB167807

NFT 미래수업

copyright ⓒ 2022, 홍기훈
이 책은 한국경제신문 한경BP가 발행한 것으로
본사의 허락 없이 이 책의 일부 또는 전체를 복사하거나
전재하는 행위를 금합니다.

NFT

NON
FUNGIBLE
TOKEN

NFT 미래수업

디지털 경제 생태계가 만들어갈 새로운 기회

● 홍기훈 지음 ●

한국경제신문

프롤로그

2022년은 NFT의 해가 될 것 같다. 모든 사람이 NFT에 대해 이야기하고, 수많은 회사가 NFT 사업에 뛰어들고 있다. 인터넷 기사에서 NFT 소식이 빠지는 날이 없을뿐더러, 어떤 작품이 경매에서 수억 원에 팔렸다는 기사도 심심찮게 올라온다. 이미 큰돈을 벌었다는 이야기가 들려오는가 하면, 많은 사람이 NFT에 투자하기 위해 공부하고 있다.

새로운 비즈니스 기회, 새로운 투자 기회, 새로운 기술, 새로운 산업, 새로운 플랫폼…. 모든 것이 새로운 것 같다. 아니, 모든 것이 새로운 것처럼 보이고 싶어 하는 것 같다. '이번에는 다르다. 지속 가능한 유의미한 혁신이고, 새로운 미래를 향한 도약이며, 신기술에 의한 새로운 경제성장 동력이다'라는 말들이 들려온다. 그런 얘길 듣고 있자면, '어, 나도 모르는 새에 세상이 이렇게나 변해버린 건가?' 하는 생각이 절로 든다.

하지만 어딘가 이상하다. 모두가 새롭다고 하는데 가깝게는 2017년의 비트코인 광풍, 조금 더 멀게는 2000년 IT 기술로 불붙

었던 신경제론의 짙은 향기가 난다. 나이가 많지 않은 나지만 한 번도 보지 못한 새로운 것이라고, 이번에는 다르다고 주장하는 현상을 최소한 열 번은 경험한 것 같다.

2013년부터 블록체인(block chain) 업계에서 연구해온, 고인 물 중에서도 고인 물인 나는 한 가지 확실하게 배운 것이 있다. 모든 것에는 맥락과 배경이 있다는 것이다. 완전히 새롭기는 어렵다. 혁신은 과거에도 있었고 미래에도 있을 것이다. NFT도 마찬가지라고 생각한다.

NFT는 신기루인가, 혁신인가? 믿을 만한 투자처인가, 아니면 한탕 심리를 노리는 투기처인가? 지금부터 내 생각을 이야기해보겠다.

이 책을 쓰는 데 도움을 주신 분들이 많다. 특히 아트파이낸스 그룹의 김동호 팀장과 류지예 팀장에게 감사의 말씀을 전한다.

NFT
미래수업
차례

3 CHAPTER NFT를 이해하기 위한 시간여행

4 CHAPTER
NFT를 어디에 쓸 수 있을까?

5 CHAPTER
예술품 시장과 투자 그리고 아트파이낸스

6 CHAPTER NFT가 풀어야 할 과제

NFT

NON
FUNGIBLE
TOKEN

CHAPTER

1

디지털로 이동하는 세계

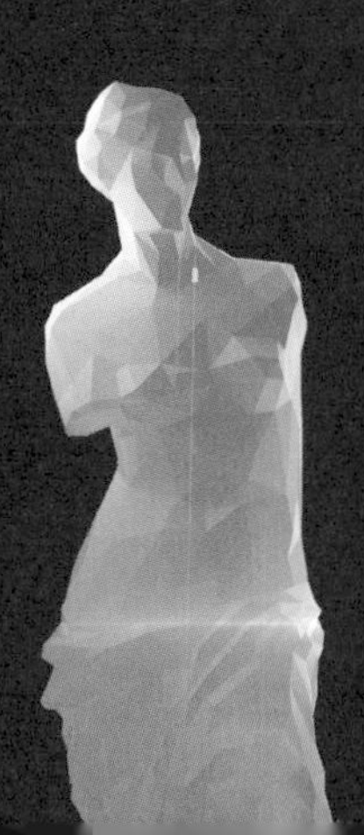

01
대세는 디지털 트랜스포메이션

지갑이 없는 삶

얼마 전, 지하철을 타려고 했을 때의 일이다. 상수역 개찰구에 도착해서 신용카드를 꺼내려는데 연구실에 놓고 왔음을 알게 됐다. 안타깝게도 나는 아이폰 이용자이고 티머니 카드도 가지고 있지 않아 개찰구를 지나갈 방법이 없었다. 물론 오랫동안 지하철을 애용해온 나는 당황하지 않고 1회용 교통카드를 사기 위해 교통카드 충전기로 갔다. 당당하게 목적지를 설정하고 현금으로 결제하려는데, 이번에는 지갑에 현금이 하나도 없음을 알게 됐다.

바로 코앞에 전철이 있는데도 탈 수 없다는 사실에 잠시 멍해

졌지만 다행히 앱이라는 해결책이 있었고, 택시를 불렀더니 몇 분 만에 왔다. 택시를 타고 가는 동안 나는 지갑에 현금이 없다는 사실, 그것도 언제부터 현금 없이 다녔는지조차 모른다는 사실에 신기함을 느꼈다. 택시에서 특별히 할 일이 없었기에 지갑을 꺼내 이리저리 관찰하면서 2022년의 지갑을 2002년의 지갑과 비교해 봤다. 그러다 보니 그동안 별생각이 없었던 부분들에서 생소함이 느껴졌다.

일단 외형적으로 지갑이 많이 얇아졌다. 무엇보다 현금을 가지고 다닐 일이 거의 없다. 대개는 카드로 결제하는데 대부분의 신용카드가 온라인 결제로 대체됐고, 심지어 카드 자체가 전자화되어 핸드폰으로 들어갔다. 또 신분증을 따로 가지고 다닐 필요가 없으며, 운전면허증도 전자화됐다.

2002년에 내가 들고 다니던 지갑에는 동전을 넣는 주머니가 있었다. 동전지갑을 따로 가지고 다니는 사람도 흔했다. 아마도 요즘 동전지갑을 들고 다니는 사람은 찾아보기 힘들 것이다. 지인들 중에는 지갑을 아예 카드지갑으로 대체해버린 이들도 꽤 된다.

그뿐만이 아니라 이제는 지갑에 무엇이 들어 있는지도 정확히 모른다. 20년 전 지갑에는 현금, 카드, 신분증만이 아니라 명함이나 간단한 메모, 영수증 등 다양한 것들이 들어 있었다. 거의 매일 지갑을 열어보던 나는 취중에도 지갑 속 물건들의 목록과 현금의

〈그림 1-1〉 PASS 모바일운전면허 확인 서비스
운전면허도 전자화되는 세상이다.
자료: passid.co.kr

액수를 말할 수 있었을 정도다. 기억을 못 하면 가지고 있는 돈보다 술값이 더 나와 곤란한 상황에 처할 터이기에 더 꼼꼼히 기억하려고 한 것도 있지만 말이다. 지금은 하루에 지갑을 한 번도 꺼내지 않는 날이 꽤 되고, 지갑이 없어도 큰 불편이 없다.

2002년과 2022년. 20년이라는 시간은 길다면 길고 짧다면 짧지만, 둘 다 21세기인데도 너무나 많은 것이 바뀌었고 또 바뀌어 가고 있다. 모든 것이 디지털화되어가고 있고, 우리는 그것을 당연하게 받아들인다. 예전 같으면 현금도 신용카드도 없다는 걸 알게 됐을 때 무척 당황했겠지만 이제는 자연스럽게 앱으로 택시를 부른다. 앱으로 택시를 탈 수 있게 된 게 5년이 채 되지 않는데도 '신용카드도 현금도 없는데 택시를 탈 수 있다니!'라고 신기해하지조차 않을 정도로 익숙해졌다.

볼트론의 향수에 빠지다

일반적으로 지하철은 시간을 정확히 맞추기 좋다. 나는 길이 막혀서 목적지에 언제 도착할지 대중할 수 없는 불확실성을 싫어하기에 버스나 택시 또는 자가 운전보다 지하철을 선호한다. 지하철에서는 책이나 논문을 읽는 것이 보통인데, 어느 날 가방을 열어보니 책도 논문도 없었다.

특별히 할 일이 없었기에 휴대전화를 열어 결제만 해놓고 거의 보지 않던 넷플릭스 앱을 구동했다. 방문한 지가 오래돼서인지 30메가바이트 정도의 업데이트를 해야 한다며 와이파이를 이용하지 않아도 문제가 없는지를 물어왔다. '5G 시대에 30기가도 아닌 30메가 가지고 뭘 물어?'라는 생각을 하며 업데이트를 진행한 후, 볼 만한 영상이 없을까 하고 초기 화면을 눈으로 훑어봤다. 그러던 중 매우 익숙하면서도 이질감이 드는 애니메이션 하나가 눈길을 사로잡았다. 〈볼트론: 전설 속의 수호자〉였다. 맙소사 볼트론이라니!

어릴 때부터 애니메이션과 함께 자란 나는 애니메이션을 사랑한다. 또래 남자아이들과 마찬가지로 그랜다이저, 마징가Z, 메칸

〈그림 1-2〉〈볼트론: 전설 속의 수호자〉

〈미래용사 볼트론〉이 비디오로 나왔던 1987년에는 이 애니메이션을 2022년에, 그것도 지하철에서 시청할 거라고는 절대 생각하지 못했다.
자료: netflix.com

더V, 태권V, 건담, 철인28호, 볼트론, 마크로스, 우뢰매 등 로봇물을 특히 좋아했다. 1980~1990년대 감성이 남아 있는 나는 당시 애니메이션이 종종 생각나지만, 삶이 너무 바쁘고 한글 자막이 있는 애니메이션 파일을 구매하는 방법도 몰라서 추억 저편에 밀어 두고 있었다.

1987년 고라이온(일본 원작인 고라이온이 미국으로 건너가 볼트론이 됐고, 그 판권을 MBC에서 사 와 한국에서 방영했다) 또는 킹라이온은 가장 뜨거운 로봇 중 하나였다. 비디오와 장난감으로 출시된 고라이온은 무려 사자가 나오는, 남자아이 입장에서는 열광하지 않을 수 없는 로봇이었다. 가루라 제국에서 탈출한 다섯 용사가 알테아성에서 우주를 지키는 스토리를 보며 웃고 울었던 기억과 함께 킹라이온 장난감을 사기 위해 문방구 앞에서 긴 줄을 섰던 기억이 난다. 세월이 한참 흘러 2018년 드림웍스(DreamWorks)에서 볼트론을 리메이크했고 국내에서는 2019년 넷플릭스를 통해 출시됐다. 이후 일주일간 나는 지하철에서 볼트론만 시청했다.

이 일로 나는 세상이 얼마나 많이 변화했는지를 새삼 깨달았다. 30메가바이트 정도의 정보는 몇 초면 전송할 수 있다는 것을 아무 생각 없이 받아들이게 됐다니. 불과 10년 전에 핸드폰으로 30메가의 정보를 수신하기 위해서는 꽤나 비싼 대가(요금과 시간)를 지불해야 했다. 게다가 오랜만에 이용한 넷플릭스가 어떤 정보를 반영하여 추천 작품을 제시하는지는 모르겠으나 넷플릭스의 추천 알고리즘은 나의 니즈를 정확하게 꿰뚫어 본 것이었다.

넷플릭스를 통해 나는 20여 년의 시간적 제약, 거실이라는 공간적 제약 그리고 TV 또는 종이라는 물리적 제약을 초월하여 가장 원하는 콘텐츠를 한 번에 찾아 온라인으로 즐길 수 있었다. 우리는 지금 디지털 트랜스포메이션의 한가운데에 살고 있다.

02
디지털 트랜스포메이션이 가져올 변화

디지털화 VS. 디지털 트랜스포메이션

이제 우리에게 '디지털화'는 너무나도 익숙한 현상이다. 디지털화란 간단히 말해 아날로그로 되어 있는 정보를 디지털로 바꾸는 과정을 의미한다. 뭉크의 〈절규〉라는 그림을 스캔하거나 사진으로 찍어 전자파일로 저장하는 것을 예로 들 수 있다. 디지털화는 인터넷의 보급이 촉진된 1990년대부터 진행되어왔다.

'디지털 트랜스포메이션'은 이미 존재하는 아날로그적 과정 또는 정보들을 디지털로 전환하는 디지털화에서 한 걸음 더 나아간 개념이다. 즉, 새로운 디지털 기술을 이용하여 기존의 정보, 상품, 조직, 나아가 사회와 인간의 삶을 변화시키는 모든 것을 의미한다. 디지털화가 온라인에서 기존의 우리 세계를 구현하는 것이라면, 디지털 트랜스포메이션은 온라인에서 새로운 세계를 구축하는 것을 의미한다. 디지털화가 단순히 기술을 구현하는 것인 데 비해 디지털 트랜스포메이션은 기술의 관점이 아닌 사회의 관점에서 바라봐야 하는 개념이다.

4차 산업혁명을 주도하는 새로운 기술들은 단순히 우리 삶을 디지털화하는 것이 아니라 삶 자체를 바꿔놓는다. 특히 코로나19로 이 변화가 예상보다 훨씬 빠르게 진행됐다. 원격수업, 화상회의, 온라인 쇼핑, 온라인 금융 거래, 온라인 플랫폼을 이용한 비즈니스 등 우리 삶의 대부분 활동이 이제는 온라인에서 이뤄진다. 그뿐 아니라 온라인 기술의 발달과 함께 우리 삶이 이전에는 경험해보지 못한 속도로 바뀌고 있다.

기업들의 발 빠른 대응: 배달의민족

온라인 배달 문화가 정착한 지 몇 년 되지 않았는데 온라인 포장/방문에 대한 수요가 급증했다. 이런 트렌드에 힘입어 성장한 외식업 배달 앱 '배달의민족'은 얼마 전 메인화면 구성을 소비자 니즈에 맞추어 개편했다. 우리 삶이 변함에 따라 기업들도 이처럼 재

〈그림 1-3〉 개편된 '배달의민족' 메인화면

배달의민족은 2021년 말 자사 앱의 메인화면에 포장/방문 메뉴를 추가했다.
자료: 〈서울경제〉, "배민, 앱 메인화면 개편…'포장/방문' 탭 신설", 2020.10.7

빨리 대응한다.

배달의민족은 포장/방문에 대한 수요 증대에 따라 포장/방문 서비스를 활성화하기 위해 이 메뉴를 메인화면에 추가한다고 밝혔다. 배달 플랫폼의 발전으로 배달이 늘었고 그에 따라 활성화된 포장 서비스에 대한 수요를 만족시키기 위해서이기도 하지만, 이미 성공적인 배달 플랫폼을 활용하여 소비자들의 수요 패턴에 영향을 미치겠다는 의미이기도 하다. 배달의민족이 말하는 개편 목적을 한마디로 요약하면, 디지털 트랜스포메이션의 중요한 특성인 '양방향성'이다.

디지털화가 우리 삶을 온라인화하는 수동적인 현상이었다면, 디지털 트랜스포메이션은 이처럼 기술과 우리 삶이 서로 영향을 미치는 양방향의 능동적인 현상이라고 해석할 수 있다. 따라서 디지털 트랜스포메이션이 가져올 변화는 말로 다할 수 없을 만큼 방대하다. 기본적으로 우리 삶의 모든 측면이 영향을 받을 것이기 때문이다.

여기서 핵심은 우리 삶이 디지털화되면서 새로운 기술의 영향을 받고, 그로 인해 삶의 방식 자체가 바뀐다는 것이다. 결국 디지털 트랜스포메이션의 핵심은 디지털 혁신에 따른 현실 사회 패러다임의 전환이다. 변화가 쌍방향으로 일어나기 때문에 당연히 서비스의 개인별 맞춤화가 이뤄질 수밖에 없고, 이런 맞춤형 서비스들이 이용하기 쉽고 활용 방법이 무궁무진한 플랫폼에서 제공되면서 공간 · 산업 · 서비스 간의 경계를 무너뜨린다.

이상에서 봤듯이 2022년 현재 진행되고 있는 디지털 트랜스포메이션의 특징은 첫째 언택트, 둘째 개인화와 맞춤화, 셋째 경계의 붕괴 및 플랫폼화로 정리할 수 있다.

03
공간을 초월하게 해주는 일상의 디지털화: 메타버스

현실을 초월한 세계, 메타버스

인터넷이 확산되던 1990년대 말부터 이미 인류는 비대면, 언택트의 시대로 나아가고 있었다. 이메일, 온라인 채팅, 메신저 등을 통해 더는 사람과 사람이 직접 만나지 않고도 충분히 소통할 수 있게 됐다. 인터넷 속도의 향상, 이용 편의성 증가, 이용자 확대로 공간에 구애받지 않고 더 빠르고 쉽게 사람들과 교류할 수 있게 된 것이다.

인류 사회는 인터넷과 PC 그리고 스마트 기기들을 바탕으로 가상현실(AR), 증강현실(VR), 인공지능(AI) 등 언택트 기술이 발전

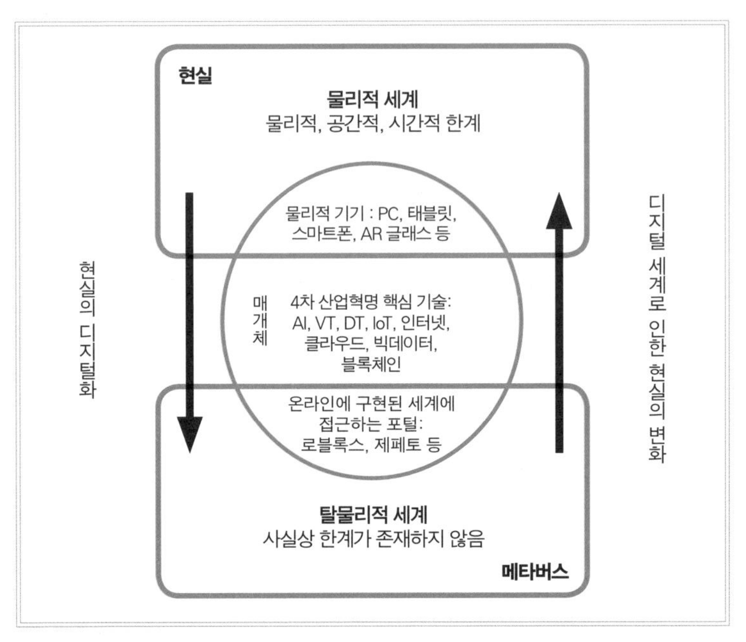

〈그림 1-4〉 메타버스 개념도
메타버스는 현실과 디지털의 세계가 서로 영향을 주고받는 디지털 트랜스포메이션의 과정이자 결과물이다.

하면서 언택트 시대로 점진적인 전환이 이뤄지고 있었다. 그러던 와중에 갑작스럽게 코로나19 사태를 맞이했고, 팬데믹으로 비대면이 확산되면서 언택트 시대로의 전환이 더 빠르게 진행됐다. 이제는 우리 삶이 온라인상에서 펼쳐지는 것이 전혀 어색하지 않은 시대에 도달했다.

'메타버스(metaverse)'란 '초월'이라는 의미의 메타(meta)와 '세계'라는 의미의 버스(universe)로 이뤄진 합성어로 '현실을 초월한 세계'를 뜻한다. 인류가 최근 4차 산업혁명을 촉발하면서 빠르게 발전시킨 최첨단 기술들이 집약된 궁극의 결과물이라고 볼 수 있다. 가상현실, 증강현실, 인공지능, 디지털 트윈, 사물인터넷, 빅데이터, 블록체인과 같은 4차 산업혁명의 핵심인 첨단 기술들이 현실세계와 메타버스의 매개체가 되어준다. 현실세계에서는 PC, 태블릿, 스마트폰, AR 글래스 등의 물리적 기기를 이용하여 기술이라는 매개체를 통해 온라인에 구현된 세계에 접속하면 메타버스에 입장하게 된다.

30년의 역사를 가진 '오래된 새것'

메타버스는 근래 만들어진 새로운 단어가 아니다. 1992년에 출간된 닐 스티븐슨(Neal Stephenson)의 소설 《스노 크래시》에서 처음 사용된 이후 꾸준히 언급되어왔다. 이처럼 꽤 오래전부터 사용돼온 단어임에도 개념이 여전히 생소하고 광의적이며, 형태가 무한한 데다가 접목되는 기술이 너무나 다양한 나머지 시장이 과도하게 파편화되어 있다. 그래서 대부분 사람이 메타버스라는 개념을 막연하게 받아들인다. 디지털화와 함께 메타버스로의 이행이 30년 가까이 진행돼왔지만, VR과 AR 기술 시연 정도를 제외하면 그동안 대중의 관심에서 멀어져 있었던 것이 사실이다.

연도	메타버스 관련 이벤트
1987	VPL, '가상현실(VR)' 개념 보급 (Jaron Lanier)
1990	보잉, '증강현실(AR)' 개념 보급 (Tim Caudell)
1992	'메타버스(Metaverse)' 개념 등장 (Neal Stephenson)
1994	'혼합현실(MR)' 개념 등장 (Paul Milgram & Fumio Kishino)
2002	'디지털 트윈(DT)' 개념 보급 (Michael Grieves)
2003.6	'세컨드라이프' 출시
2004.7	'감소현실(DR)' 개념 보급 (Steve Mann)
2004.8	유니티 소프트웨어 설립
2005.2	'구글 맵스' 출시
2006.9	'로블록스' 출시
2007.6	'아이폰' 출시, 메타버스 개념에 대한 촉매제 역할 수행
2011.11	'마인크래프트' 출시
2012.5	'더 샌드박스' 출시
2012.6	구글 'AR 글래스' 공개
2012.7	오큘러스 설립
2014.3	페이스북, 오큘러스 인수(2.3억 달러)
2014. 9	마이크로소프트, 모장 스튜디오(마인크래프트) 인수(2.5억 달러)
2014.12	삼성, 구글, 소니, HTC VR 시장 진입
2016.1	세계경제포럼(WEF) '4차 산업혁명' 개념 대중화 구글 AR 글래스 사업 중단
2016.3	마이크로소프트 글래스 'HoloLens' 출시 오큘러스 'Rift' 출시
2016.4	HTC 'Vive' 출시
2016.7	'포켓몬 고' 출시
2016.10	소니 '플레이스테이션 VR' 출시
2017.2	삼성 '기어 VR/360' 공개
2017.7	'포트나이트' 출시
2018. 8	'제페토' 출시
2018.9	페이스북 오큘러스 '퀘스트1' 출시
2018.11	삼성 '오디세이 플러스(VR)' 출시

2018.12	한국, 5G 무선 이동통신 세계 최초 개통
2019.2	마이크로소프트 글래스 'HoloLens2' 출시
2019.8	SKT 'Jump AR/VR' 출시
2019.9	페이스북 'Horizon' 출시 예고
2019.10	구글 'VR 데이드림' 사업 중단
2020.2	'디센트럴랜드' 출시
2020.3	'모여봐요 동물의 숲' 출시
2020.7	구글, 노스 인수(1.8억 달러)
2020.8	페이스북 'Horizon' 베타서비스 개시
2020.9	페이스북 오큘러스 '퀘스트2' 출시 유니티 소프트웨어 상장
2020.10	엔비디아 CEO, 젠슨 황이 "The Metaverse is coming" 언급 엔비디아 '옴니버스 머시니마' 베타서비스 개시 애플 '아이폰 12프로' 출시(AR 지원)
2021.1	'업랜드' 베타서비스 개시
2021.2	SKT, 오큘러스 한국 정식 판매 전개
2021.3	마이크로소프트 'Mesh' 출시 로블록스 상장 구글 'VR 카드보드' 사업 중단
2021.5	구글 3D 영상대화 플랫폼 '스타라인' 공개
2021.6	삼성 '오디세이(VR)' 신제품 출시 메타버스 테마형 ETF 출시
2021.7	SKT '이프랜드' 출시
2021.9	페이스북 AR 글래스 출시
2022E	페이스북 Horizon 공식 출시 예상 애플 MR HMD 출시 예상 애플 AR 글래스 출시 예상 삼성 AR 글래스 출시 예상
2030E	애플 AR 콘택트렌즈 출시 예상

〈표 1-1〉 메타버스의 역사

자료: 메리츠증권, "Global Industry Indepth Merits Research", 2021.7.26

04

메타버스가 왜 지금 주목받는가?

1992년부터 언급되어온 메타버스가 왜 30년이 지난 현재에 이르러서야 주목받게 된 걸까? 그 이유를 기술의 발전과 팬데믹에서 찾을 수 있다.

기술의 발전과 팬데믹

2010년 초 유럽을 뒤흔든 국가부채 위기를 기점으로 세계 각국은 경쟁적으로 신성장 동력을 찾기 시작했다. 이제 신성장 동력은 한 국가의 삶과 죽음을 가르는 절박한 필요가 됐다. 경제학에서 생산은 노동과 자본의 투입으로 이뤄진다. 이런 경제에서 기술의 발전은 투하되는 생산 요인인 노동과 자본의 성장 없이 생산 효율성을 증대시켜 경제가 성장할 수 있게 해준다. 이런 이유로 자연스럽게 각국은 신성장 동력을 기술 발전에서 찾기 시작했고, 이는 4차 산업혁명을 통한 디지털 경제 그리고 플랫폼 경제로의 전환을 불러왔다.

우리나라도 상황은 크게 다르지 않다. 2013년 출범한 박근혜 정부는 녹색 성장을 주장한 이명박 정부와 달리 상상력과 창의력을 과학기술에 접목해 새로운 산업 체제와 소비 시장을 개척하겠다는 '창조경제'를 신성장 동력으로 삼았다. 2017년에 출범한 문재인 정부 또한 기술의 발전에서 신성장 동력을 찾겠다는 기조를 유지했고, 출범 당시 발표한 20대 국정 전략에는 '과학기술 발전이 선도하는 4차 산업혁명'과 '중소벤처가 주도하는 창업과 혁신성장'이 포함됐다.

기술의 혁신, 변화, 발전으로 이어지는 기술 주도의 경제성장 전략은 전 세계적인 트렌드다. 정부의 전폭적인 지원에 힘입어 4차 산업혁명의 핵심 기술로 인식되는 인공지능, 빅데이터, 사물인터넷, 로봇, 드론, 가상현실, 자율주행, 양자컴퓨터 기술이 빠르게 발전할 수 있었다.

이에 더해 2019년 말부터 전 세계를 강타한 팬데믹으로, 그렇지 않아도 메타버스로 향하고 있던 우리 사회의 행보가 가속화됐다. 메타버스 산업 팽창의 신호탄이라고 볼 수 있는 로블록스(Roblox)는 팬데믹에 따른 비대면 확산의 대표적인 수혜자로 꼽힌다. 로블록스의 이용자 수는 2019년 25% 성장한 데 비해 2020년에는 50% 성장했다. 메타버스뿐만 아니라 유통의 급격한 온라인화나 넷플릭스 구독자 수의 폭발적 증가 또한 팬데믹으로 인한 비대면 확산의 영향이다.

물론 로블록스나 넷플릭스 등의 비즈니스 모델인 비대면 산업은 팬데믹 이전에도 두 자릿수 성장을 기록하며 디지털화에 기여해온 것이 사실이다. 그러나 팬데믹이 초래한 비대면 선호 심리 확산으로 디지털에서의 삶을 영위하게 해주는 산업이 폭발적으로 성장하게 됐다.

따라서 표면적으로 볼 때 현재 급격한 메타버스의 부상은 기술의 발전으로 촉발된 디지털 트랜스포메이션이 코로나19 팬데믹이 초래한 비대면 확산을 촉매로 하여 더 빠르게 진행되고 있다고 볼 수 있다. 하지만 그 이면에는 소득 양극화의 심화라는 해결되기 어려운 사회적 문제가 자리하고 있다.

메타버스로의 유입을 촉진하는 소득 양극화의 심화

소득 양극화는 새로운 현상이 아니다. 산업혁명 이후 전 세계적으로 계속해서 심화되어왔으며, 21세기 들어서는 더 빠른 속도로 진행되고 있다. 2000년에 6.4%로 집계되던 저소득층이 2020년 기준 8.6%로 2.2%p 증가한 데 비해, 고소득층은 2000년 17.6%에서 2020년 15.7%로 1.9%p 감소했다. 즉, 상대적으로 가난한 사람들의 비중이 늘어난 것이다.

소득 양극화의 심화는 국내에서도 나타나는데, 필요한 돈이 모일 때까지만 아르바이트로 일하는 프리터(freeter)족, '자녀를 두지 않는 맞벌이 부부'를 의미하는 딩크(Double Income No Kids, DINK)족, '인생은 한 번뿐이다'를 외치는 욜로(You Only Live Once, YOLO)족과 같이 계층 상승에 대한 의지가 감소한 인구가 많아진 데 기인한다.

소득 양극화는 인류의 가상세계 유입을 촉진한다. 일례로 부동산 가격이 가파르게 상승하자, 현실세계에서 부동산을 구입하는 대신 가상세계에서 부동산에 투자하는 인구가 빠르게 증가하는 것을 들 수 있다. 2021년 12월, 메타버스 안에서 서울 부동산을 보유하고 거래할 수 있는 가상 부동산 거래 플랫폼 '세컨서울(2nd Seoul)'이 사전 신청 접수를 개시했다. 그리고 24시간 만에 타일 6만 9,300개가 완판되는 기록을 세웠다.

이런 현상은 부동산에만 그치지 않는다. 현실세계에서 원하는 명품을 구매할 경제적 여건이 안 되는 소비자들이 메타버스에서

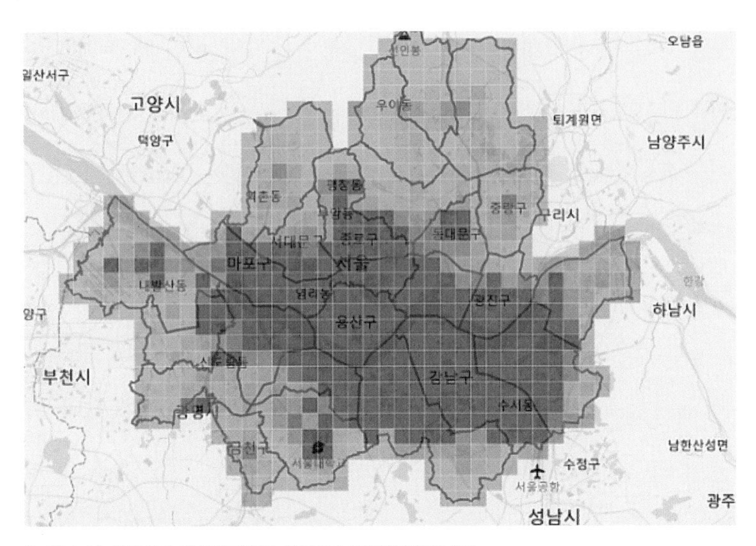

〈그림 1-5〉 엔시티마케팅이 개발한 메타버스 플랫폼 '세컨서울'

세컨서울의 2021년 12월 3일 오후 5시 기준 사전 신청 현황. 선착순 1,000명이 모두 접수된 지역은 회색으로 표시되어 있으며, 서울 주요 상권은 사실상 모두 마감됐다.

자료: 머니S, "[특징주] 엔비티, 메타버스 부동산 플랫폼 '세컨서울' 부각… 4%↑", 2021.12.6

명품을 구매하며 만족감을 느끼고, 현실에서 여행이 어려운 사람들은 메타버스에서 자신이 경험하지 못한 세계를 방문한다. 현실에서 경제적 제약으로 구매가 어려운 고급차를 메타버스에서 운전하며 행복을 느끼는 사람들도 있다. 이렇듯 메타버스는 현실에서 만족되지 않는 인간의 욕구를 채워주는 플랫폼으로 활용되고 있다.

05

디지털 경제로의 전환

일상에서 경험하는 디지털 트랜스포메이션

디지털화, 디지털 트랜스포메이션, 언택트, 메타버스 등의 키워드가 주는 함의는 일관되고 명확하다. 온라인에서의 우리 삶이 점점 더 중요해지고 있다는 것이다. 이는 경제에도 적용될 수밖에 없다. 우리는 이미 온라인상에서 수많은 전자상거래가 이뤄지는 것으로 디지털 경제로의 전환을 경험하고 있다. 그런데 앞으로는 더 빠르게 그리고 더 격렬하게 디지털 트랜스포메이션을 경험할 것으로 예상한다. 이때 신뢰할 수 있는 연결 수단이 사람, 조직 및 기계 사이에서 상호작용의 촉매가 된다. 예컨대 인터넷 확산으로 온라인 채팅이 가능해지자 미국 유학생이 한국 친구에게 온라인 메신저로 언제든지 연락할 수 있게 됐고, 결과적으로 둘 사이의 상호작용이 증가했다. 이전에는 편지로 1년에 한 자릿수의 연락을 유지했다면, 온라인 메신저를 통한 소통의 디지털화로 소통 주기가 훨씬 짧아진 것이다. 이 또한 디지털 트랜스포메이션 경험이다.

팬데믹이 가져온 경제·사회적 여파

2020년 팬데믹 상황으로 전 세계 대부분 국가가 경제성장 기대치를 부정적으로 조정했으며, 실제로 마이너스 성장을 기록했다.

경제 성장률	2019년	2020년			2021년		
		20년 6월 (A)	20년 10월 (B)	조정폭 (B-A)	20년 6월 (C)	20년 10월 (D)	조정폭 (D-C)
세계 (교역량)	2.8 (1.0)	-5.2 (-11.9)	-4.4 (-10.4)	0.8 (1.5)	5.4 (8.0)	5.2 (8.3)	△0.2 (0.3)
미국	2.2	-8.0	-4.3	3.7	4.5	3.1	△1.4
유로	1.3	-10.2	-8.3	1.9	6.0	5.2	△0.8
일본	0.7	-5.8	-5.3	0.5	2.4	2.3	△0.1
영국	1.5	-10.2	-9.8	0.4	6.3	5.9	△0.4
캐나다	1.7	-8.4	-7.1	1.3	4.9	5.2	0.3
기타 선진국	1.7	-4.9	-3.8	1.1	4.2	3.6	△0.6
한국	2.0	-2.1	-1.9	0.2	3.0	2.9	△0.1

〈표 1-2〉 코로나19로 인한 글로벌 경제성장률 수정 전망

자료: IMF(2020.10.13) 세계경제전망(WEO), 기획재정부 보도자료(2020.10.12) 재인용

2022년에는 코로나19에 따른 피해를 점차 복구해갈 것이라는 전망이 지배적이지만, 현실적으로는 '활동 재개, 경기 반등, 감염 증가, 재봉쇄, 경기 반락'의 지그재그 패턴을 보일 확률이 높다. 따라서 실질적으로 경제가 회복되기까지는 상당한 시간이 소요될 것으로 보인다. 특히 코로나19에 대응하는 과정에서 그동안 인류가 겪어보지 못한 새로운 사회적 행동 양식 및 규범이 강제됐다. 경제학자 리처드 볼드윈(Richard Baldwin)은 〈그림 1-6〉과 같이 팬데믹에 대응하는 방역 대책의 경제적 효과를 시각화했다.

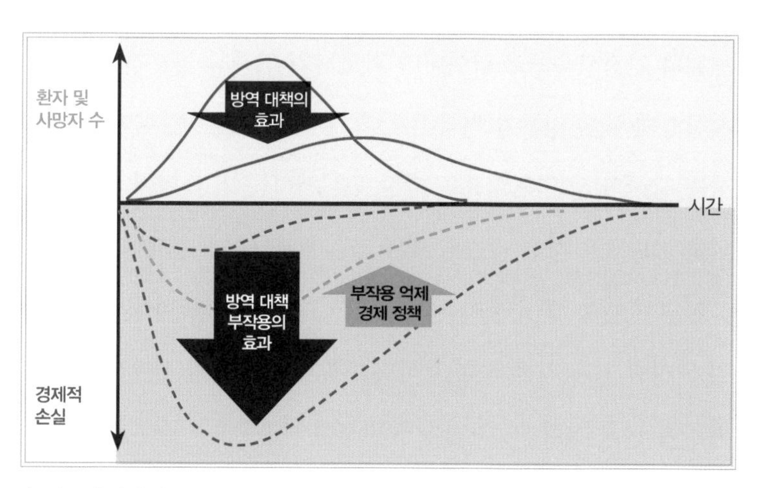

〈그림 1-6〉 방역 대책의 경제적 효과

붉은 실선은 팬데믹으로 인한 인명 피해를 보여주며 붉은 점선은 방역 대책이 부재한 상황에서 팬데믹으로 인한 잠재적 경제 손실을 나타낸다. 방역 대책이 시행되면서 경제적 손실이 증가하는데, 이 증가분은 그림의 아래쪽 붉은 점선에서 파란색 점선으로 손실 그래프가 확대되는 것으로 나타났다. 많은 국가가 방역 대책의 경제적 부작용을 만회하기 위해 다양한 경제 정책을 펼쳤고, 그에 따라 파란색 점선에서 녹색 점선으로 손실 그래프가 축소됐다.

자료: Baldwin, Richard, "The supply side matters: Guns versus butter, COVID-style", VOXEU.orgVOXEU.org, 2020.3.22

구체적으로 '사회적 거리두기'라는 이전에 경험해보지 못한 새로운 사회적 행동 양식은 구성원들의 물리적 상호작용과 이동을 억제하며, 가치라는 측면에서 개인주의와 공동체주의 간의 충돌로 인한 사회적 갈등을 불러일으키고 있다. 여기에 더해 사회적 관계를 인위적으로 단절시킴에 따라 사회에 불신이 만연하게 됐고, 개인의 자유에 우선하는 '공동체 안전'의 가치가 확산되면서 개인화된 가치 중심의 기존 사회적 관계 구조가 뿌리부터 흔들리고 있다.

개인화된 가치가 중심이었던 팬데믹 이전과는 반대로 사회 공동체의 안정성을 최소한이나마 확보하기 위해 공공보건 · 의료 · 시장경제 등에 정부가 적극적으로 개입하고 있으며, 국제 공조보다는 자국의 생존과 회복을 가장 우선시하는 기조 탓에 신자유주의를 기반으로 하는 기존의 세계질서가 커다란 도전에 직면했다.

물리적 이동 및 소통이 제한되면서 그에 따른 문제를 해결하고자 디지털 기술 기반 비대면 서비스에 대한 수요가 전 세계적으로 빠르게 늘고 있다. 2010년대 중반부터 MZ세대를 중심으로 느리게 전파되던 비주류의 언택트 문화가 코로나19 팬데믹으로 주류 문화로 부상했고, 40대 이상의 기성세대 또한 디지털 서비스를 능동적으로 이용하게 됐다. 이에 경제와 산업에서 디지털 트랜스포메이션은 우리의 예상을 훌쩍 뛰어넘는 속도로 진행되고 있다.

디지털 혁신을 통한 디지털 트랜스포메이션은 현실 사회의 패러다임을 바꾸고 있다.

디지털 경제를 구성하는 경제 환경

현재 우리가 마주한 디지털 경제는 산업화 이후 멈춰버린 세계 경제를 되살려줄 신성장 동력으로 인식되고 있다. 영국, 프랑스, 독일, 일본과 같은 20세기의 선진국들은 21세기에 들어와 1~2% 수준의 낮은 성장률을 보이고 있다. 물론 이 나라들의 경제 규모가 크기 때문에 성장률이 낮다는 논리도 성립할 수 있을 것이다. 그러나 이들보다 먼저 디지털화에 성공한 미국은 4~5%대의 독보적으로 높은 경제성장률을 보이고 있다. 그런 점에서 일부 선진국은 경제 규모가 커서 성장률이 낮아진 것이 아니라 산업화를 기반으로 하는 성장 동력을 서서히 잃어왔다는 논리가 더 설득력 있어 보인다. 2022년 현재 미국은 애플, 구글, 마이크로소프트, 아마존, 메타(구 페이스북) 등 세계 최고의 디지털 기업을 다수 보유하고 있다.

빈부격차가 심해지고 대다수의 선진국이 저성장의 늪에 빠진 데다 지구상 유일하게 유의미한 성장 동력이었던 중국 경제마저 성장을 멈췄다. 게다가 코로나19로 인한 팬데믹까지 겹친 2022

년, 세계의 저소득층은 빈부격차 심화로 생존의 문제에 직면해 있다. ROI(Return on Investment, 투자자본수익률) 극대화를 위해 자사주 매입, 자산유동화 등을 통해 자기자본의 비중을 낮춘 기업들 역시 유동성 부족으로 생존의 문제에 직면해 있다. 또한 제2차 세계대전 이후 폭발적으로 증가하면서 글로벌 경제를 하나로 묶어 눈부신 경제성장의 주축이 됐던 국제 공급망(Global Supply Chain)마저 국경 폐쇄로 무력화되고 말았다. 전 세계가 경제적으로 이렇게 어려운 상황에서 가장 상식적이고 쉬운 해결책은 코로나19 이전으로 경제 환경을 돌려놓는 것으로 인지될 수 있다.

혁신이 있으면 반동이 있기 마련이고, 정치와 사회 분야에서 특히 그렇다. 작용하는 힘의 크기가 같다는 보장은 없지만, 작용-반작용의 원리와 비슷하다. 고려 말 공민왕의 개혁정치가 무산되면서 왕이 피살되고 우왕이 열 살의 나이로 즉위했던 당시, 공민왕의 모든 개혁을 무산시키고 과거로 환원하려 했던 이인임이 반동의 좋은 예다. 근대 유럽에서도 나폴레옹의 몰락과 함께 끝나버린 프랑스혁명 이후, 오스트리아 메테르니히(Klemens von Metternich)의 주도하에 구체제로의 회귀를 주장한 복고적 세력 균형 체제인 빈 체제가 그러했다.

최근의 비대면에 따른 사회 변화 또한 이런 반작용을 불러올 것이다. 코로나19 발생 이전의 생활로 돌아가고 경제, 사회, 국제

질서를 과거로 되돌리려는 노력이 이미 '위드코로나'와 '일상 복귀'라는 이름으로 시도되고 있다. 그러나 디지털 혁신을 마주하고 있는 이때, 현 상황을 조금 더 근본적인 관점에서 바라볼 필요가 있다고 생각한다. 산업화를 통해 선진국이 된 국가들의 성장률을 고려하면 그리고 한국 · 중국 등의 후발 주자들이 직면하고 있는 구조적 한계를 고려하면, 18세기 말 산업혁명 이후 200여 년간 인류가 발전시키고 구축해온 경제체제가 수명을 다하고 있다는 점은 의심의 여지가 없을 것 같다. 코로나19로 인한 팬데믹은 기존 경제체제의 수명 단축을 촉진했을 뿐, 우리는 1990년대 후반부터 이미 구체제를 혁신할 준비를 하고 있었다.

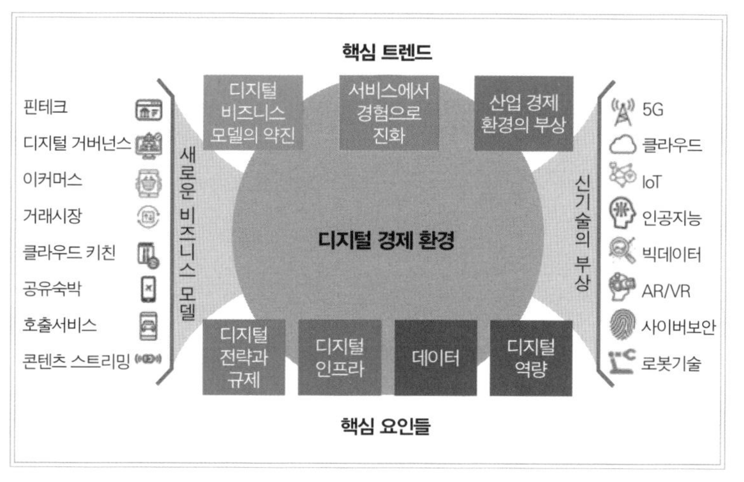

〈그림 1-7〉 디지털 경제를 촉진하는 네 가지 핵심 요인

자료: huawei.com

그렇다면 2022년 현재 위기 극복의 방향은 구체제로의 회귀가 아닌 새 판을 깔고 새로운 미래를 구축하는 것이어야 한다. 지난 시대 낡은 경제체제의 한계를 뛰어넘을 수 있는 새로운 세기에 어울리는 경제체제를 준비해야 하며, 우리는 이미 그 답이 디지털 경제라는 것을 알고 있다.

이와 같이 경제의 디지털 트랜스포메이션은 사실상 우리 경제 체제의 모든 측면을 디지털로 이전하는 것뿐만이 아니라 디지털 세계에 맞게 혁신하는 것을 의미하기 때문에 이 책에서 모든 측면을 설명하기는 어렵다. NFT는 금융과 예술의 접점에 존재하므로, 여기서는 금융 산업과 문화예술 산업의 디지털화에 대해서만 더 깊이 있게 다루려고 한다.

06
금융 산업의 디지털화

디지털화가 가장 급속도로 이뤄지는 분야

디지털 트랜스포메이션의 핵심은 디지털 혁신에 따른 현실 사회의 패러다임 전환이다. 디지털 기술로 촉발된 혁신은 사실상 경제 전 분야에 영향을 미치지만, 그중에서도 자금의 흐름과 직결되는 금융 산업은 디지털 혁신으로 인한 패러다임 전환을 가장 강력하게 경험하고 또 강제당하고 있는 산업 중 하나다.

오픈뱅킹 · 가상자산 · 로보어드바이저 등의 신기술이 융합된 새로운 금융 서비스들이 지난 3~4년에 걸쳐 등장했고, 구글 · 아마존 · 알리바바 · 네이버 · 카카오와 같은 비금융 빅테크 기업이

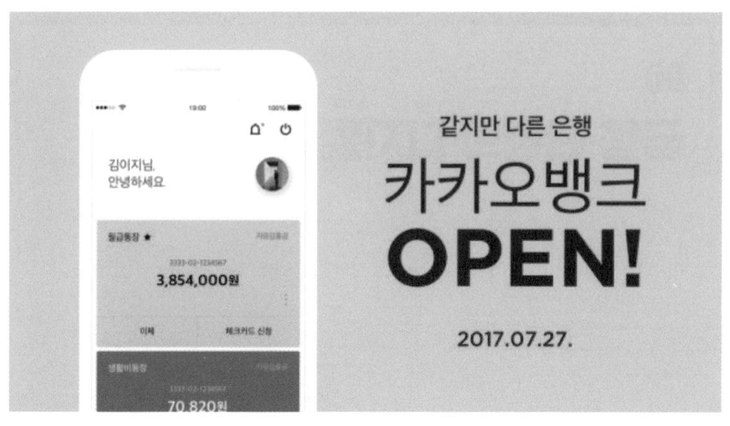

〈그림 1-8〉 카카오뱅크의 공지사항 상세 화면
2017년에 문을 연 카카오뱅크는 기존 은행들의 모바일 서비스를 개편하는 데 큰 역할을 했다.
자료: kakaobank.com

제공하는 결제 · 송금 등의 금융 서비스도 지속적으로 확대되고 있다. 디지털 기술 혁신으로 촉발된 4차 산업혁명으로 기존 금융 인프라를 거치지 않고서도 금융 서비스를 제공할 길이 열린 것이다. 이렇듯 일반적인 은행 시스템 밖에서 이뤄지는 신용중개를 '그림자 금융'이라고 부른다.

이미 기술은 금융 산업의 효율성 향상에 기여하고 있다. 카카오뱅크와 같은 인터넷 전문은행들의 등장이 금융 산업의 디지털화에 기폭제가 됐고, 지난 3~4년간 대부분 금융기관의 모바일 서비스는 효율성 · 편의성 · 접근성이 급격히 향상됐다.

디지털 혁신 기술들이 보급되고 기존 금융 인프라를 거치지 않는 금융 서비스가 늘어나면서 금융 산업의 탈집중화, 탈중개화가 시작됐다. 혁신적 거래 플랫폼들로 인해 전통적인 금융업 모델이 분화되기 시작했고, 은행들은 기존에 영위하던 규모 및 범위의 경제라는 이점을 상실할 수 있다는 위협에 직면하게 됐다.

이미 일상에 스며든 디지털 금융

비금융사들의 금융 서비스 참여는 금융 회사의 고객 정보 접근성을 약화시킬 수 있으며 예대마진, 지급결제 수수료 등 금융기관들의 전통적인 수익원에 직접적인 타격을 줄 수 있다. 그러므로 금융 산업의 디지털화를 통해 대두된 핀테크 산업의 팽창은 금융 산업에서 기존 은행의 중심적 역할을 위협하기도 하지만, 그보다는 수익성 악화와 서비스 공급 철학의 변화를 유도할 것으로 생각하는 것이 더 합리적이다.

금융업의 분화 현상, 금융 시장 인프라 운영기관의 다양화 및 역할 변화 등에 따라 은행 서비스가 탈집중화 · 탈중개화되면서 기존의 은행 시스템과 은행업이 분리되는 움직임이 가속화될 수 있다. 다시 말해 디지털화된 금융 산업에서는 은행(bank)과 은행업(banking)이 분리되는, 이전에 없던 금융 현상을 경험하게 될 것으로 예상된다.

디지털 혁신 과정에서 탈집중화되고 전문적으로 분산된 금융 시스템은 기능별 분화 및 플랫폼화를 가져오며 네트워크 효과(network effect, 특정 상품의 수요가 다른 사람들의 상품 선택에 심리적으로 영향을 미치는 효과) 기반의 높은 확산성을 가지게 된다. 이런 금융 플랫폼은 소비자들에게 높은 편의성과 접근성을 제공하여 금융 산업 내 비효율성이 개선되고, 자본배분의 효율성을 높여주어 궁극적으로는 새로운 성장 동력이 될 수 있다.

이런 이유로 금융업의 디지털 트랜스포메이션은 자연스러운 변화이며 디지털 금융 내에서 핵심 변화 요인은 그림자 금융의 확대로 볼 수 있다. 기존의 그림자 금융이 투자은행 · 헤지펀드 · 사모펀드 · 구조화 투자 회사 등과 같은 유사 은행들에 의해서 이뤄졌다면, 디지털 트랜스포메이션을 통해 혁신된 금융 산업에서는 빅테크 기업과 같이 금융과는 큰 관계가 없어 보이는 주체들 또한 금융 산업에 진출할 길이 열리게 된다.

디지털 트랜스포메이션이 금융 산업에 미칠 영향은 언택트, 탈집중화, 탈중개화, 플랫폼화, 전문화, 그림자 금융 확대로 정리할 수 있다. 금융 산업에 미치는 디지털 트랜스포메이션의 영향을 정리해놓고 나니 디지털 금융 산업의 방향성이 보이는 것 같다. 미래의 디지털 금융 산업에서는 온라인(언택트)의 가상세계에서 다자(탈집중화와 탈중개화) 간에 특화된(전문화) 금융 서비스를 금융기관을 통하지 않고서도(그림자 금융) 플랫폼상에서(플랫폼화) 제공할 수 있게 될 것이다.

당연히 이를 위해 필요한 것은 가상세계와 시장 플랫폼 그리고 가상자산이다. 다시 말해, 메타버스와 플랫폼 경제 그리고 NFT다.

07
문화예술 산업의 디지털화

기술 발전이 불러온 색다른 문화예술의 모습

디지털 기술 혁신에 힘입어 문화예술 산업도 디지털 트랜스포메이션을 경험하고 있다. 특정화된 개별 미디어보다는 다양한 미디어의 요소들을 모두 포함하는 멀티미디어 산업이 디지털 혁신 시대의 주요 문화 플랫폼으로 부상하고 있다. 멀티미디어는 하나의 매체가 아니라 다양한 매체를 활용한다는 특징이 있다. 또한 텍스트, 영상, 화상, 소리, 문자, 심지어 냄새나 촉감까지도 활용한다.

멀티미디어 관련 산업은 크게 네트워크 기술, 하드웨어 기술, 정보 콘텐츠라는 세 분야로 구분된다. 1990년대부터 발전한 네트워크 기술과 2010년 이후 확산된 스마트 기기에 의한 하드웨어 기술의 발전을 기반으로, 2022년 현재는 정보 콘텐츠 산업의 질적 · 양적 확장을 경험하고 있다. 현재 가장 주목받는 멀티미디어 산업의 소프트웨어 및 정보 콘텐츠의 핵심 분야로는 영화, 게임, 방송, 데이터베이스, 교육 등 디지털화된 콘텐츠를 제공하는 산업을 꼽을 수 있다.

5G, AI, VR/AR 등 네트워크 기술 그리고 스마트폰, 태블릿, PC 등 하드웨어 기술은 지속적으로 발전할 것이기에 디지털 콘텐츠 제공 산업 역시 지속적인 성장세를 보일 것으로 기대된다. 거기에 워라밸(work life balance, 일과 삶의 균형)을 추구하며 주5일제를 넘어 주4일제를 바라보는 노동 환경의 변화가 디지털 문화 콘텐츠를 소비할 수 있는 시간을 늘려줌으로써 디지털 문화 콘텐츠 제공 산업은 문화예술 산업의 디지털 트랜스포메이션에서 가장 중요한 역할을 할 것이다.

디지털 문화 콘텐츠 제공 산업의 부상은 OTT(Over the Top)의 구독경제로 이어진다. 예전에는 케이블에 연결된 TV의 셋톱박스(set top box)를 통해 영상을 송출하는 것이 일반적이었는데, 이제는 인터넷과 모바일 통신을 통해 셋톱박스를 거치지 않고 PC, 스마트폰, 태블릿 등 다양한 기기에서 스트리밍 서비스를 이용할 수 있다. 이처럼 셋톱박스를 넘어서는(over the top) 인터넷을 이용한 영상송출이라는 점에서 OTT라는 용어가 만들어졌다.

다양한 콘텐츠를 언제, 어디서나: 넷플릭스 서비스

OTT의 대표적인 사례로 넷플릭스(Netflix)를 꼽을 수 있다. 넷플릭스는 '인터넷(Net)'과 '영화(Flicks)'를 조합한 이름이다. 2022년 현재 전 세계 190개국 이상에서 2억 1,000만 명이 넘는 회원을 보유한 스트리밍 엔터테인먼트 기업이다. 우리는 넷플릭스의 플랫폼을 통해 영화와 드라마, TV 프로그램, 다큐멘터리, 애니메이션 등 매우 다양한 장르의 콘텐츠를 언제, 어디서나, 무제한으로, 모든 기기에서 볼 수 있다.

넷플릭스의 리드 헤이스팅스(Reed Hastings) CEO는 자신의 책 《규칙 없음》에서 넷플릭스의 기업 문화가 실리콘 테크 스타트업의 전형을 보여준다고 언급했다.

"정직성과 투명성을 파격적으로 강조하고, 휴가 정책이나 연말 인사 평가와 같은 전통적인 기업 문화와는 거리가 먼 모습이며, 사용자 인터페이스와 함께 독자적인 기술을 기반으로 한 추천 알고리즘은 다른 스트리밍 비디오 서비스와 차별성을 두고 있다."

이미 나는 볼트론을 통해 넷플릭스 추천 알고리즘의 위력을 경험했다. 그러나 헤이스팅스는 CNBC와의 인터뷰에서 넷플릭스를

〈그림 1-9〉 게임은 시작됐다: 모바일에서 새롭게 즐기는 엔터테인먼트
스마트폰으로도 넷플릭스를 통해 언제, 어디서든 게임을 즐길 수 있다.
자료: netfilx.com

정의할 때 가장 어울리는 말이 '엔터테인먼트 회사'라고 밝혔다.

"우리는 기술력에 기반을 둔 회사지만, 실제로는 마이크로소프트나 구글 같은 회사가 아닙니다. 우리는 단일 애플리케이션, 단일 서비스를 제공합니다. 이는 모두 엔터테인먼트에 관한 것입니다. 우리는 실리콘밸리보다 할리우드에 더 많은 직원을 두고 있으며, 우리 회사 지출의 3분의 2는 콘텐츠에 투자됩니다. 이처럼 우리는 정말 엔터테인먼트 회사라고 말할 수 있습니다."

즉 넷플릭스는 기업 문화와 형태로는 테크 스타트업을 표방하지만 비즈니스는 엔터테인먼트 산업을 표방한다는 것이다. 결국 본질은 엔터테인먼트 비즈니스이기 때문에 OTT로 구독경제를 실현할 수 있었다. 넷플릭스는 '넷플릭스 오리지널'이라는 콘텐츠를 통해 스스로 콘텐츠를 만들어낼 뿐 아니라 자체 유통 역량을 보유했기에 구독경제 모델을 실현할 수 있었다. 넷플릭스는 온라인 가상현실에서 저작권이 있는 디지털 문화 콘텐츠를 제공하며, 구독경제 모델을 통해 저작권을 보호하고 있다.

'문화유산을 위한 AI' 프로젝트

디지털 콘텐츠는 영상이나 사진에만 국한되는 개념이 아니다. 인류의 문화유산이나 예술 작품 등도 디지털 트랜스포메이션의 대상이 될 수 있다. 메타버스 기술과 AI 기술을 활용하여 역사적 유산을 보호하고 더 깊은 예술적 경험을 전달할 방법을 제시하고자 하는 '문화유산을 위한 AI(AI for Cultural Heritage)' 프로젝트가 대표적이다. 마이크로소프트가 5년간 1억 2,500만 달러를 지원하는 프로젝트로, AI 기술과 홀로렌즈를 활용한다.

마이크로소프트는 홀로포지 인터랙티브(Holoforge Interactive), 아이코넴(Iconem)과 협업하여 혼합현실 및 인공지능 기술을 통해 몽생미셸섬의 입체 모형 지도를 성공적으로 구현해냈다. 인공지능을 활용한 드론과 지상에서 촬영된 수십만 장의 사진을 3D 렌더링함으로써 몰입감 있고 사실적인 문화유산 경험을 제공했다.

〈그림 1-10〉 프랑스 몽생미셸섬의 모습을 융합현실로 구현한 모습
관람객들이 홀로렌즈 기기를 착용하고 섬의 이곳저곳을 둘러보고 있다.
자료: 〈IT조선〉, "마이크로소프트, AI 기술로 '세계 문화유산 지킴이' 나선다", 2019.7.16

몽생미셸은 프랑스 북부 노르망디 해안에 있는 섬인데, 역사적으로 전략적 요충지였다. 이 섬에는 8세기부터 이미 요새와 수도원이 있었고, 각 구조물의 배치는 봉건 시대의 사회 모습을 잘 보여준다. 해안에서 600미터 정도 떨어진 특이한 위치여서 간조기에는 순례자들이 육로를 통해 수도원에 쉽게 접근할 수 있지만 만조기에는 주변에 물이 차 자연적으로 방어가 되도록 건설되어 있다. 프랑스에서 가장 유명한 랜드마크 중 하나로 유네스코가 지정한 세계 문화유산이며 매년 300만 명 이상의 관광객이 이곳을 방문한다.

이 모형 지도는 2018년 10월부터 2019년 1월까지 프랑스 파리에 있는 군사입체모형 박물관에서 전시됐으며, 기존의 몽생미셸 미니어처 모형과 홀로렌즈를 통한 디지털 모델을 함께 감상할 수 있게 했다. 관람객은 몽생미셸을 다양한 각도에서 확인할 수 있으며, 기존 모형에서는 볼 수 없었던 세밀한 부분 및 성당 내부까지 홀로렌즈를 통해 볼 수 있다. 이 프로젝트는 인문학적 가치를 담고 있는 역사적 현장을 더 자세히 들여다보고 체험할 수 있게 했다는 평가를 받았다.

디지털화된 문화예술 산업과 토큰 이코노미

'문화유산을 위한 AI' 프로젝트 사례에서 봤듯이, 문화예술 산업의 디지털 트랜스포메이션은 필연적으로 가상현실과 이어진다. 또한 넷플릭스 사례에서 봤듯이 문화예술 산업에서 디지털 트랜스포메이션은 단순히 기존 문화 자산의 디지털화를 의미하지 않는다. 온라인상에서 디지털 형태의 문화예술 자산을 창조하고, 거래하고, 저작권을 보호하는 것 또한 디지털 트랜스포메이션 영역에 포함된다.

이 두 사례의 함의를 조합하여 문화예술 산업의 디지털 트랜스포메이션이 가지는 의미와 앞으로의 방향성을 도출할 수 있다. 결국 디지털 문화예술 산업은 디지털화된 문화예술 자산을 가상세계에서 만들어내고 주고받으며 즐기는 방향으로 발전해갈 것이다. 즉 메타버스상에서 디지털 문화예술 자산을 창작하여 NFT의 형태로 공유하게 되리라는 의미다.

그러므로 메타버스상에서 문화예술 콘텐츠 제작자는 창작자인 동시에 이용자가 된다. 이전에도 이미 UCC(User Created Content)라는 용어를 이용하기는 했지만, UCC가 현실화된 것은 유튜브가 콘텐츠를 제작하는 창작자들에게 보상을 지급하기 시작한 시점이라고 볼 수 있다. 현재 메타버스상에서 파편화된 형태로 제작되는 디지털 콘텐츠를 포함한 문화예술 자산들에 대해 제작자인 동시에 소비자인 참여자들에게 보상을 제공하는 디지털 공유경제가 형성되고 있다. 디지털 공유경제 내에서의 보상과 자본조달은 당연히 디지털 금융이 수행하게 된다.

'탈중앙화되고 분산화되며 파편화된 자율적 주체들 사이의 디지털 공유경제'라고 하면, 자연스럽게 떠오르는 개념이 있을 것이다. 맞다, 토큰 이코노미(Token Economy)다.

NFT

NON
FUNGIBLE
TOKEN

CHAPTER

2

현재 가장 뜨거운 키워드, NFT

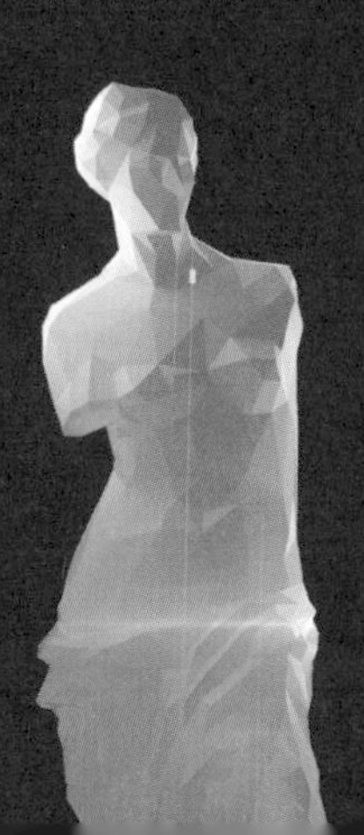

01
NFT 열풍의 한가운데에서

크리스티에서 들려온 핫한 소식

2021년 3월, 비플(Beeple, 본명 마이크 윈켈만Mike Winkelmann)의 NFT 작품 〈매일: 첫 5,000일(Everydays: The First 5000 Days)〉이 크리스티 온라인 경매에서 6,934만 달러(한화 약 780억 원)에 낙찰됐다. 예술 산업에서 작품 가격이 수천만 달러에 거래되는 건 그리 드문 일이 아니지만, 비플은 그렇게 유명한 작가도 아니고 그의 작품이 엄청나게 주목을 받아오지도 않았다는 점에서 이슈가 됐다.

NFT는 디지털 이미지 원본에 대해 '이 파일이 원본'이라는 의미를 가지는데, 그런 NFT가 이렇게 높은 가격에 거래되면서 많은

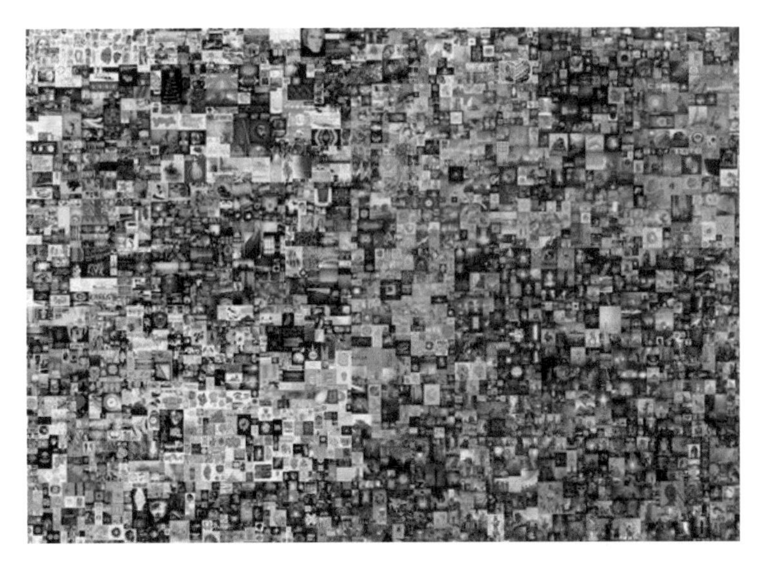

〈그림 2-1〉 비플의 〈매일: 첫 5,000일〉
경매에서 6,934만 달러에 낙찰된 작품이다. 이 작품을 인터넷으로 검색해서 본다면 실제 소유자와 당신이 똑같은 파일을 감상하는 것이다.
자료: Beeple's collage, Everydays–The First 5000 Days, sold at Christie's–Agora Gallery–Advice Blog

이들의 눈길을 끌었다. 다르게 이야기하면, 누군가가 인터넷 이미지에 7,000만 달러 상당의 금액을 지불했다는 의미다.

세상에 한 점밖에 없는 그림을 누군가가 7,000만 달러를 주고 구매했다면, 다른 사람들은 그 그림의 디지털 이미지 또는 그림을 찍은 사진을 볼 수는 있을지언정 진품은 감상할 수 없다. 그러나 NFT에 저장되어 있는 디지털 이미지는 원본을 가진 사람이든 복제본을 가진 사람이든 똑같은 인터넷 이미지를 감상하는 셈이다.

그러니 이런 그림을 7,000만 달러나 주고 사는 사람이 있다는 게 사실 잘 이해가 가지는 않는다.

NFT는 우리에게 어떤 기회를 가져다줄까?

비플의 작품이 비싼 가격에 팔린 이후, NFT 작품은 다양한 방식으로 대중문화에 스며들었다. 미국의 코미디 및 쇼 프로그램 〈새터데이 나이트 라이브(Saturday Night Live)〉에서 풍자되기도 했으며, 래퍼 스눕독(Snoop Dogg)과 NBA 슈퍼스타 스테판 커리(Stephen Curry) 등 유명 인사들도 관심을 기울이기 시작했다. 이제는 NFT 거래 플랫폼(오픈시OpenSea, 니프티게이트웨이Nifty Gateway, NBA 톱샷NBA Top Shot 등)에서 매주 수억 달러 규모의 NFT가 거래되고 있다.

그러나 많은 사람이 NFT의 가치에 의문을 품고 있는 것도 사실이다. NFT는 인터넷에 등록된 토큰일 뿐이기에 돈으로 환산할 수 있다는 걸 이해하기 어렵다. 특히 온라인 '소유권'을 주장할 수 있다고 홍보되는 NFT는 그 콘텐츠가 디지털 이미지 또는 애니메이션의 형태이며, 대부분 복제할 수 있거나 무료로 다운로드받을 수 있다.

NFT가 대중의 흥미와 비판을 동시에 끌어낸 배경을 이해하는 것은 그리 어려운 일이 아니다. NFT는 새로운 종류의 자산이며, 살면서 이런 자산을 접하는 경우는 흔치 않다. 그런데 인터넷 토큰에 불과한 이 새로운 자산의 가치가 날로 높아지고 있다. 그 요인은 무엇일까?

NFT 자산의 가치를 적절하게 평가하기 위해서는 NFT의 실체와 의미 그리고 디지털 경제 환경 내에서 NFT가 만들어낸 시장의 기회가 무엇이지 이해해야 한다. 정확한 이해가 뒷받침되어야 NFT와 관련된 비즈니스의 실체를 이해할 수 있다.

지금부터 NFT의 개념을 설명하고, 그 의미에 대해 이야기한 후, 디지털 경제 환경 내에서 NFT가 만들어내는 시장의 기회를 살펴보려고 한다.

02

20분 만에 65억을 벌었다고?

그라임스의 <전쟁의 정령>

2021년 3월, 테슬라의 CEO이자 코인계의 이단아 일론 머스크(Elon Musk)의 연인으로 유명한 캐나다의 가수 그라임스(Grimes)가 〈전쟁의 정령(Battle of the WarNymphs)〉이라는 NFT 예술품 컬렉션 10종을 온라인 경매에 출품했고, 20분 만에 580만 달러(약 65억 원)를 벌었다는 기사가 인터넷을 도배했다. 국내에서 이 기사를 접한 대부분 사람이 '디지털 파일 하나가 65억이라니! 그것도 20분 만에!'라는 반응을 보이며 판매 액수와 NFT에 대해 이야기꽃을 피웠다.

다들 "NFT 투자해야 하나?"라고 말했지만, 내 주변만 봐도 〈전쟁의 정령〉이 어떤 작품인지를 제대로 아는 사람이 드물었다. 디지털 사진인지 그림인지 동영상인지, 정령이 물의 정령인지 불의 정령인지 등 작품에 대한 가장 기본적인 정보조차 궁금해하지 않았다. 게다가 〈전쟁의 전령〉이 10종 431개 작품으로 이뤄진 컬렉션이라는 사실조차 몰랐다. 당연히 작품들 중 동영상은 그라임스가 친오빠와 함께 작업했다는 것도 모른다. 그렇다. 나를 포함한 대중은 돈에 더 관심이 많다.

〈전쟁의 정령〉이라는 작품은 디지털 그림과 영상으로 이뤄진 컬렉션이다. 이들 중 뉴본(Newborn) 1, 2, 3, 4라는 이름이 붙은 시리즈로 제작된 디지털 그림은 해상도 3,000×3,000(뉴본 1, 3, 4) 또는 2,355×3,000(뉴본 2)으로 제작됐다. 뉴본 1은 2020년 1월 5일, 뉴본 2와 3은 2020년 1월 7일, 뉴본 4는 2020년 1월 14일에 제작됐고, 모두 20달러에 거래됐다.

〈전쟁의 정령〉은 2020년 2월 2일에 제작된 4,000×2,500의 해상도를 가진 디지털 그림으로 최대 11만 1,111달러에 낙찰됐고, 〈하이레스의 신들(Gods in Hi-res)〉 역시 같은 날 같은 해상도로 제작된 디지털 그림으로 최대 7만 7,000달러에 낙찰됐다. 〈로코코 모노리스(Rokoko Monolith)〉는 2020년 12월 12일에 2,654×4,000의 해상도로 제작된 디지털 그림으로 최대 8만 달러에 낙찰됐다.

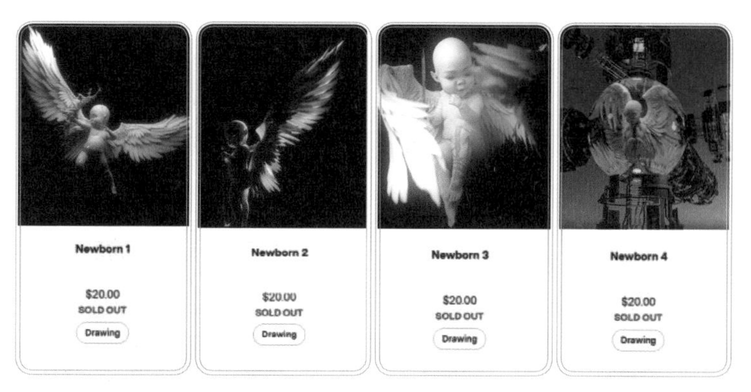

〈그림 2-2〉 그라임스의 〈전쟁의 정령〉 컬렉션 1

뉴본 1, 2, 3, 4 시리즈. 각각 20달러에 팔렸다.

자료: niftygateway.com

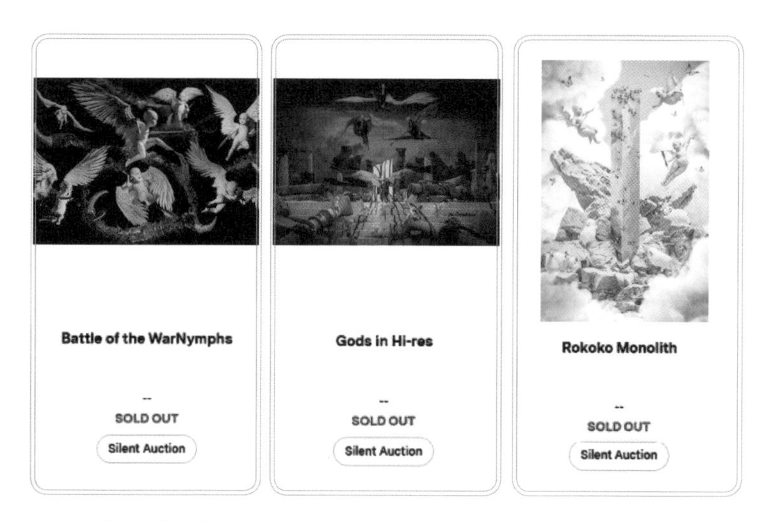

〈그림 2-3〉 그라임스의 〈전쟁의 정령〉 컬렉션 2

〈전쟁의 정령〉은 11만 1,111달러에, 〈하이레스의 신들〉은 7만 7,000달러에, 〈로코코 모노리스〉는 8만 달러에 낙찰됐다.

자료: niftygateway.com

〈그림 2-4〉 그라임스의 〈전쟁의 정령〉 컬렉션 3
그라임스의 미공개 곡을 배경음악으로 사용한 〈옛것의 죽음〉은 38만 8,938달러에 낙찰됐다.
자료: niftygateway.com

그리고 〈옛것의 죽음(Death of the Old)〉이라는 해상도 1,920×1,080의 디지털 영상은 그라임스의 미공개 곡을 배경음악으로 사용했다. 이 작품은 2021년 2월 12일에 제작됐고, 38만 8,938달러에 낙찰됐다.

나는 그림에 문외한이기 때문에 이 그림들이 좋은지 어떤지 구별할 역량은 없다. 그러나 39만 달러가 큰돈이라는 건 안다. 4억 원이 훌쩍 넘어가는 액수 아닌가. 심지어 이 파일들은 공개되어 있다. 돈을 지불한 사람들은 작품의 소유권을 가지게 되지만, 소유권이 없는 사람도 누구나 관람할 수 있다. 이 이야기를 들었을 때 나는 '오, 39만 달러짜리 동영상을 공짜로 볼 수 있다니!'라며 즐거워했다.

어? 그런데 이러면 낙찰총액이 조금 이상하다. 39만 달러가 한 작품, 10만 달러 근처가 세 작품, 20달러가 네 작품이니 넉넉잡아 70만 달러 정도 아닌가? 보도에 따르면 그라임스가 600만 달러를 벌었다고 했는데 계산이 안 맞는다.

뉴본 시리즈는 100점을 각각 20달러에 매각했고, 나머지 3개의 디지털 그림은 10점씩 경매에 내놓았다.

경매 결과에서 볼 수 있듯이(그림 2-5), 그라임스는 〈전쟁의 정령〉 10점을 경매로 내놓아 약 25만 달러를 벌었다. 한 점의 디지털 그림이 다양한 가격에 열 명에게 팔린 것이다. 복사본도 아니고 정확히 똑같은 작품이다. 구매자가 소유권을 가지지만 누구나 무료로 감상할 수 있다. 뭔가 많이 어지럽다.

Battle of the WarNymphs

Silent Auction

Grimes

Battle of the WarNymphs By Grimes x Mac. Date: 02/02/2020. Resolution: 4000x2500.

Accepting bids
Auction has ended
Min bid: $1,000.00

0 of 10 remaining

View listings in the marketplace

Winning Bids

Time	Bidder	Amount
9 months	cryptojack2	$111,111.00
9 months	carsong	$36,789.00
9 months	path	$15,555.00
9 months	itwasfun	$15,337.00
9 months	cryptocobain	$15,000.00
9 months	y_kymin	$12,721.00
9 months	schmoe	$11,111.00
9 months	akira	$11,111.00
9 months	rogerdickerman	$10,778.00
9 months	edible	$10,100.00

〈그림 2-5〉 그라임스의 〈전쟁의 정령〉 컬렉션 경매 결과

그라임스의 〈전쟁의 정령〉 10점이 각기 다른 사람에게 다양한 가격에 낙찰됐다.
자료: niftygateway.com

정리를 해보자면, 〈전쟁의 정령〉은 같은 그림 10점이 디지털 파일로 존재한다. 이 10점의 파일은 소유되기는 하나 누구나 온라인에서 무료로 감상할 수 있다. 그렇지만 이 파일을 사기 위해서 누군가는 최소 1만 100달러, 최대 11만 1,111달러를 지불했다.

이 시점에서 나는 큰 깨달음을 얻었다. 물, 물을 팔자. 봉이 김선달이 될 수 있을 것 같다.

03

NFT가 도대체 무엇이기에

대체 가능 vs. 대체 불가능

도대체 NFT가 무엇이길래 이런 일이 일어날 수 있는 것일까? NFT란 '대체 불가능한 토큰(Non Fungible Token)'의 약자로, 하나의 토큰을 다른 토큰으로 대체할 수 없도록 암호화한 디지털 자산을 말한다. 우리가 이미 잘 알고 있는 비트코인을 보면, 각각의 코인은 차이점이 없다. 2010년에 만들어진 비트코인과 2020년에 만들어진 비트코인은 같은 비트코인이다. 당연한 말을 해놓고 나니 좀 바보 같지만, 이것이 NFT와의 차이점이기 때문에 중요한 이야기다. 비트코인이나 이더리움처럼, 만들어지는 모든 코인이

특성	대체 가능 토큰 (Fungible Token)	대체 불가능 토큰 (Non-Fungible Token)
고유성	같은 유형의 토큰은 그와 동일한 유형의 다른 토큰과 같은 기능을 하며, 서로 구분이 불가능함	같은 유형의 토큰들임에도 각각은 고유한 정보와 속성을 가지고 있기 때문에 서로 구분이 가능함
교환성	토큰은 동일한 값을 가지는 토큰으로 교환이 가능함	하나의 토큰은 고유한 값과 고유의 접근 권한을 가지고 있기 때문에 동일한 유형의 다른 토큰으로 대체될 수 없음
분할성	더 작은 단위로 나눌 수 있음. 총합이 동일 값을 가지고 있기만 하면 어떤 단위를 사용하는지는 의미가 없음	인증서나 신원과 관련된 토큰 또는 특정 작품의 일부분을 소유하는 것은 논리적으로 불가하므로 분할이 불가능함

〈표 2-1〉 대체 가능 토큰과 대체 불가능 토큰의 특성 비교

동일해 구분이 되지 않는 것들을 '대체 가능(fungible)하다'라고 말한다.

그런데 우리에게 익숙한 일반적인 가상자산들과 달리 NFT는 발행되는 각각의 토큰이 고유의 가치를 지닌다. 즉, NFT로 발행되는 모든 토큰은 구별이 가능하다. 어제 발행한 NFT와 오늘 발행한 NFT는 다른 물건이다. 이런 특성이 있기에 NFT는 디지털 영역에서 진위나 소유권 증명이 필요한 게임 아이템, 디지털 예술품 및 수집품 등과 같은 분야에서 주로 활용될 수 있다.

기술적으로 봤을 때, NFT는 블록체인 기술에 기반을 두기 때문에 블록체인의 특성을 그대로 물려받는다. 이런 특성들은 NFT를 이해하는 데 매우 중요하다. NFT가 블록체인으로부터 물려받은 특징들을 이해하려면 블록체인이 무엇인지를 알아야 한다. 조금은 어려울 수 있지만, 블록체인을 이해하고 나면 NFT를 어떻게 활용해야 할지 조금은 더 구체적으로 감이 올 것이다.

그 전에, NFT의 대략적인 특성부터 살펴보자. NFT가 블록체인으로부터 물려받은 특징들을 보면, 첫째로 위조나 변조가 어렵다는 점이다. 디지털 이미지나 영상 등을 복제할 수는 있지만, NFT를 활용해 원본이 무엇인지 증명할 수 있다. 원본이 블록체인에 연결된 고유 코드를 가지고 있기 때문이다. 따라서 위조품 때문에 원본의 가치가 훼손될 일이 없다. 위변조가 어렵다는 특징은 작품의 진위를 판단하는 것이 매우 중요한 문화예술 산업에서 NFT가 많은 역할을 할 수 있음을 시사한다.

두 번째로 거래 내역을 추적하기 쉽다는 점이다. NFT로 발행된 디지털 자산은 블록체인 시스템을 통해 거래 이력을 투명하게 관리할 수 있다. 따라서 NFT의 발행인, 출처를 비롯한 정보에 쉽게 접근할 수 있게 함으로써 거래의 신뢰성과 투명성을 높일 수 있다. NFT의 두 번째 특성 또한 예술품의 프로비넌스(provenance) 관리와 직결된다. '프로비넌스'는 소장 이력을 뜻하며, 예술 작품의 소장 이력은 예술품의 진위 판별 및 가치에 엄청난 영향을 미칠 수 있다. 작품을 누가 소유했었는지를 모두 알 수 있다면, 그 작품이 진품인지 아닌지를 알아내는 데 들어가는 노력과 불확실성을 크게 줄일 수 있다. 또한 유명인이 소유하던 작품 또는 미학적 소양이 뛰어난 전문가가 소유하던 작품이라면 가격이 올라갈 확률이 높다. 블록체인 기술로 만들어진 NFT의 모든 거래 기록은 공개되기 때문에 NFT에 저장된 예술품의 프로비넌스는 투명하게 공개되고 위변조가 어렵다. NFT의 두 번째 특성 또한 NFT가 디지털화된 문화예술 산업에서 많은 역할을 할 수 있음을 시사한다.

마지막으로 디지털 자산에 대한 소유권을 중앙화된 기관으로부터 개인에게 이전할 수 있다는 점이다. 게임을 예로 들면, 게임 아이템은 유저가 아닌 게임 운영 기업에서 관리한다. 따라서 계정을 통해 아이템을 보유한 유저는 아이템에 대한 소유권을 주장하기 어렵다. 그러나 게임 아이템을 NFT로 발행하면, 유저는 아이템에 대한 소유권을 인정받고 이를 NFT 경매 시장에서 자유롭게 팔 수 있다. 이런 특성으로 NFT는 디지털화된 문화예술 산업에서 많은 역할을 할 수 있다.

결국 NFT는 블록체인 기술에서 진화한 것이다. 그러므로 당연히 NFT를 이해하기 위해서는 블록체인을 알아야 한다. 뭔가 억울하지만 어쩔 수 없다. 피할 수 없으면 즐기자. 이제부터 블록체인을 공부해보자.

04

NFT를 구성하는 세 가지 핵심 개념

억울하지만 기술을 알아야 한다

NFT는 블록체인 2.0에 해당하는 이더리움 기반의 토큰으로, 이를 이해하기 위해서는 블록체인과 스마트계약(smart contract)을 비롯해 알아둬야 할 기술적 개념들이 있다. 서점에서 비트코인에 대한 책을 찾아 펼쳐보면 첫 페이지가 블록체인이라는 데 항상 분노를 느꼈다. 내가 알고 싶은 건 비트코인인데 다짜고짜 블록체인부터 설명하는 기술자들이라니(혹시 당신도 지금 그런 마음이라면 조금 진정하시길). 그러나 한편으로는 블록체인 기술을 이해하는 것이 중요하다는 데 동의한다. NFT 또한 마찬가지다.

NFT는 기술 기반의 변화이기는 하지만 분명 사회현상이다. 당연히 후자가 더 중요하다. 그래서 지금까지 디지털 트랜스포메이션에 대해 설명한 것이다. 이제는 NFT를 구성하는 기술에 대해 알아볼 시간이 왔다. 만약 당신이 '나는 정말 기술이 싫고 알고 싶지도 않다'라는 생각이라면 이 부분은 건너뛰어도 큰 흐름을 이해하는 데는 문제가 없을 것이다. 그러나 기술에 대해 열린 마음을 가지고 있다면, 조금 어렵더라도 최선을 다해 쉽게 이끌 터이니 믿고 따라와 주면 고맙겠다.

나는 문과 출신이다. 컴퓨터 공학, 암호학, 정보통신 기술 같은 주제가 나오면 가슴부터 답답해지곤 했다. 그런 나도 이해할 수 있었으니 당신도 충분히 이해할 수 있으리라 믿는다. 미리 겁먹지 말고 크게 한번 심호흡을 한 후, 편안한 마음으로 다음을 읽어가자.

첫째, 블록체인

2008년 9월 미국의 투자은행 리먼브러더스(Lehman Brothers)의 파산과 함께 글로벌 금융위기가 본격적으로 확산됐다. 기존 금융 시스템에 대한 불신이 퍼졌고, 금융 시스템의 개혁에 대한 논의가 점화됐다. 이 시기에 '사토시 나카모토(Satoshi Nakamoto)'라는 가명으로 〈비트코인: 개인 간 거래 전자 현금 시스템(Bitcoin: A Peerto-Peer Electronic Cash System)〉이라는 논문이 발표됐다. 논문에서는 암호화 기술과 네트워크 기술을 결합함으로써 기존의 법정화폐를 대체할 수 있는 가상자산 개념이 제시됐는데, 이것이 비트코인이다. 비트코인은 블록체인 시스템을 활용해 개인과 개인이 서로 신뢰할 수 있는 거래 환경을 구축하는 방안을 제시했다.

블록체인이란, 간단히 말하자면 장부 기록 기술이다. 일반적으로 장부는 거래하는 사람들이 직접 기록하는 것이 아니라 장부를 기록하는 사람들이 따로 있기 마련이다. 대표적인 예로 기업의 거래는 회계부서에서 기록한다. 내가 어제 돈가스 사 먹고 신한페이로 결제한 거래는 신한은행에서 기록해준다. 이렇게 중간에서 거래를 기록해주는 이들은 우리가 믿는, 그러나 거래에 직접 참여하지 않는 사람들이다. 그래서 우리는 이들을 '신뢰할 수 있는 제3자'라고 부른다.

그런데 블록체인에서는 거래를 기록하는 데 제3자가 참여하지 않는다. 대신 블록체인 거래에 참여하는 당사자들이 거래 기록을 블록(block)으로 만들어 다른 거래 기록(또 다른 블록)들과 연결해 사슬(chain) 형태로 만든다. 여기서 약간의 오해가 생기는데, 거래 당사자들이 직접 기록한다고 해서 내 거래를 내가 기록하는 것은 아니고 전체 블록체인 거래 플랫폼을 이용하는 이들 중 누군가가 기록한다는 이야기다.

이렇게 거래를 기록하는 행위를 '채굴'이라고 부른다. 거래를 기록하는 데는 시간과 노력이 필요하고, 이것이 바로 블록체인 플랫폼을 유지하는 비용이다. 이 시간과 노력에 대한 보상으로 새로운 토큰을 지급하기 때문에 마치 새로운 토큰을 캐내는 것처럼 보여 '채굴'이라고 부르기 시작했다. 여담이지만, 채굴이라는 단어는 잘못 선택된 것이다. 보상이라는 말이 더 어울린다. '채굴'이라는 단어가 쓰이면서 '비트코인은 디지털 금'이라는 주장들이 나오기 시작했다. 단어 선택이 이렇게 중요하다.

개인들의 거래로 축적된 거래 정보(블록)들은 거래 참여자가 모두 공유하게 된다. 즉, 기존의 중앙화된 기관에서 관리하던 거래 기록들을 암호화된 '공공 거래장부' 형태로 만들어 개인 간의 거래에 대한 신뢰성을 높이는 네트워크를 형성하게 된다. 블록체인 기술을 활용해 탈중앙화된 시스템에서도 신뢰성 있는 거래를 구축하며, 암호화된 공공 거래장부를 통해 높은 보안 수준을 달성하는 것이다. 이렇게 구축된 블록체인은 미래 산업의 성장 동력으로 주목받았으며, 4차 산업혁명을 이끄는 핵심 기술 중 하나로 지목되기도 했다. 블록체인 기술의 특징은 〈표 2-2〉와 같이 정리할 수 있다.

블록체인은 P2P(Peer to Peer) 네트워크를 통해서 관리되는 분산 데이터베이스의 한 형태로, 거래 정보를 담은 장부를 중앙 서

특징	설명
탈중앙화 (분산성)	• 제3자 또는 중개인 없이 개인, 법인 등이 직접 거래 가능 • 중앙집중형 시스템의 구축, 운영, 유지보수 비용 절감 가능
보안성	• 거래 기록과 블록 데이터를 플랫폼에 참여하는 모두가 공동으로 소유하고 기록하기 때문에 거래 기록의 조작이 어려움
투명성	• 거래 기록과 블록 데이터를 플랫폼에 참여하는 모두가 공동으로 소유하고 기록하기 때문에 누구나 확인 가능
익명성	• 개인정보 없이 거래가 가능하기 때문에 익명성이 보장되나, 특정 금융거래정보의 보고 및 이용 등에 관한 법률(특금법) 시행 이후 거래소에서 거래하기 위해서는 익명성이라는 특성은 포기해야 함
안정성	• 분산형 네트워크로 구성되어 있기 때문에 1개의 네트워크가 손실되어도 지속적으로 운영 가능

〈표 2-2〉 블록체인 기술의 특징

버 한 곳에 저장하는 것이 아니라, 블록체인 네트워크에 연결된 여러 컴퓨터에 저장 및 보관하는 기술이다. 블록체인 거래를 수행하기 위해서는 거래의 유효성을 확인하는 '작업증명(Proof of Work, PoW)'이라는 프로세스가 필요하며, 작업증명은 비트코인과 같은 가상자산을 통해 이뤄진다.

블록체인에서는 공유할 데이터가 확정되고 나면 네트워크를 구성하는 각각의 지점이 서로 연동된 채로 데이터가 분산되어 저장되는데, 이로써 원본에 대한 수정이 불가능하게 만들 수 있다. 다시 말해 비잔틴 장군 문제(Byzantine Generals' problem, 장군들이 서로 불신하는 상황에서 여러 장군이 한 지역을 협공하고자 할 때 공격 시간을 어떻게 합의할 것인가의 문제)라고 불리는 난제를 해결함으로써 인터넷 환경과 같이 제한된 정보에 둘러싸인 개인들 간의 거래를 안전하게 만들 수 있다. 다시 말해, 중앙화된 기관을 거치지 않고 네트워크 이용자들 간의 분산된 신뢰망을 구축할 수 있게 된다.

중앙화된 기관을 거치지 않기에 거래 참여자들에게 몇 가지 혜택이 발생한다. 통상 거래의 신뢰를 보증하는 플랫폼은 거래 참여자들로부터 수수료를 수취할 수 있으며, 거래에 대한 정보를 독점적으로 점유할 수 있다. 이는 플랫폼 이용자들의 지위를 낮추고, 중앙화된 기관의 권한을 높임으로써 참여자들의 권한을 제약하는 요인이 된다. 예를 들면 은행이 외환 시장에 대한 정보우위를 활용해 외화를 거래하고자 하는 금융 소비자들에게 높은 외환 수수료를 부과하는 상황을 생각해볼 수 있다. 블록체인을 통해 분산된 신뢰망을 구축할 수 있게 되면 투명한 거래를 촉진할 수 있으며, 거래 참여자들도 기존 플랫폼에서 받던 제약 조건들로부터 벗어날 수 있게 된다.

둘째, 스마트계약

스마트계약이란 계약 당사자가 사전에 합의한 내용을 프로그래밍 언어로 구현하여 전자계약을 실행하는 것을 의미한다. 계약 조

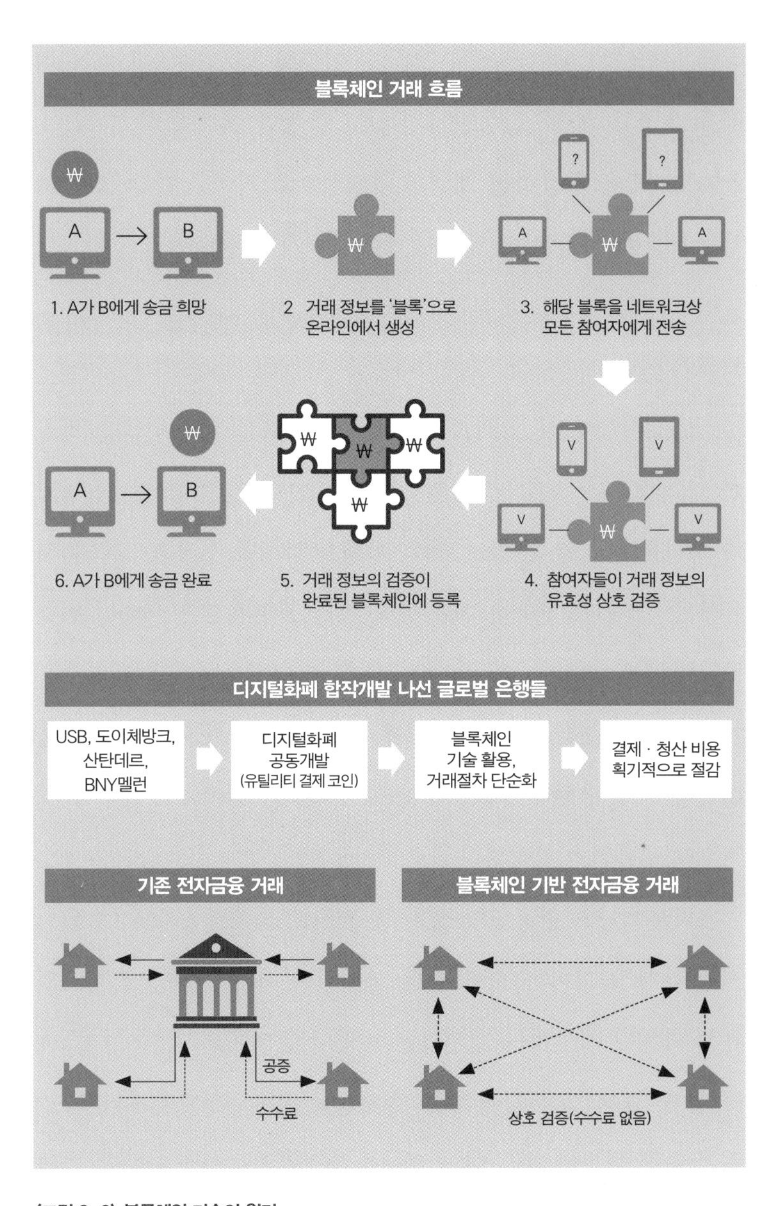

〈그림 2-6〉 블록체인 기술의 원리

자료: etinow.me

건에 부합하는 제안만을 수행할 수 있도록 하기 때문에 계약 이행을 보증할 제3자를 동반하지 않고 공정한 거래를 할 수 있다. 스마트계약을 활용하면 계약의 투명성으로 거래를 감독 및 규제하는 비용이 절감될 수 있으며, 중개자에게 지불해야 할 수수료도 줄어드는 등 다양한 장점이 있다. NFT도 스마트계약을 기반으로 거래가 이뤄지는 자산 중 하나다.

스마트계약이라는 개념은 1994년 컴퓨터 공학과 법률을 전공한 닉 자보(Nick Szabo)가 고안해냈다. 그는 계약 이행을 관찰하거나 성과를 입증할 수 있고, 계약 이행을 강제할 수 있는 구속력의 유무 등 몇 가지 원칙을 제시했다. 그리고 천재 프로그래머 비탈릭 부테린(Vitalik Buterin)이 2015년에 이더리움이라는 플랫폼을 개발함으로써 프로그래밍 언어를 통해 닉 자보가 제시한 원칙을 실현할 수 있게 했다. 이때부터 스마트계약의 활용 가능성이 본격적으로 주목받기 시작했다.

스마트계약의 활용 가능성이 클 것으로 기대되는 분야는 원산지에 대한 점검이 중요한 유통 산업이다. 특정 제품(주로 식품)의 유통 과정에 참여하는 업체들은 해당 식품의 공급자, 운영자, 배급 업체, 규제 당국 등에 대한 정보를 블록체인상으로 확인하고, 조건 충족 여부에 따라 대금 지불을 자동화하는 알고리즘을 만들 수 있다.

일례로 미국의 대형 IT 기업 IBM은 생산자, 가공 업체, 유통 업체 등 다양한 이해관계자와 협업하여 블록체인을 기반으로 한 원산지 조회 서비스 푸드트러스트(Food Trust)를 운영하고 있으며, 공급망의 효율성을 높이는 데 크게 기여했다. 과거에는 유통 과정에서 오염된 식품이 발견될 경우, 생산지를 찾고 원인을 추적하는 기간이 7일가량 소요됐으나 블록체인을 기반으로 한 푸드트러스트 시스템을 활용한 이후로는 2.2초로 급격히 단축됐다고 한다. 스마트계약을 활용하면 검증과 거래 체결 및 대금 지급에 대한 자동화 프로세스를 구축함으로써 더욱 효과적인 공급망을 형성할 수 있을 것으로 판단된다.

그러나 붙여진 이름이 스마트계약이라고 해서 컴퓨터 알고리즘으로 이뤄진 프로세스가 법적 효력을 갖는 것은 아니다. 이 때문에 비탈릭 부테린은 스마트계약이라는 용어보다 '지속 가능한 스크립트'라고 부르는 것이 더욱 적절하다는 의견을 냈다.

셋째, 데이터 인코딩

데이터 인코딩(data encoding)이란 데이터의 형식을 변환함으로써 디지털 파일의 크기를 효과적으로 압축하는 것을 말한다. 데이터 인코딩을 통해 표준화, 저장 공간 절약, 데이터 처리 속도 향상 등을 기대할 수 있다. 비트코인이나 이더리움과 같은 주요 블록체인 시스템에서는 거래 정보를 인코딩하여 암호화된 16진수 값으로 전환하여 저장한다. NFT도 이더리움을 기반으로 하기 때문에 같은 규칙을 따르는데, 이는 곧 NFT 소유자가 인코딩된 16진수로 이뤄진 데이터 값을 보유하는 것이라고 볼 수 있다. 이 암호화된 16진수가 디지털 공간에서 원본임을 증명할 수 있는 고유번호가 된다.

여기까지 오느라 고생하셨다. 이제 당신은 NFT를 이해하는 데 필요한 블록체인에 대한 지식은 습득했다고 볼 수 있다. NFT는 블록체인 기술이 진화한 형태다. 블록체인 기술을 이해했기 때문에 블록체인의 기술적 진화 과정을 좇아가다 보면 NFT 기술을 자연스럽게 이해하게 될 것이다.

05

나날이 진화하는 블록체인 기술

블록체인의 기술적 진화

블록체인 기술이 발전함에 따라 발전 방향도 변화를 거치고 있다. 유니버시티 칼리지 런던의 블록체인 연구자 멜라니 스완(Melanie Swan)은 블록체인의 변화를 3단계로 구분한다. 첫 번째는 비트코인과 같은 가상자산을 디지털 경제에 활용하는 단계이며, 두 번째는 스마트계약을 중심으로 금융 · 계약 자동화 · 탈중앙화 · 비즈니스와의 연계 등 경제활동 전반으로 그 범위를 확장하는 단계다. 세 번째는 비즈니스 활동을 넘어 사회 전반에 블록체인 기술이 적용되는 단계를 의미한다. 세 번째 단계의 마지막에 이르면,

블록체인 네트워크를 기반으로 정부 · 공공 · 민간이 보유한 데이터를 공유함으로써 디지털 경제의 생태계가 구축될 것으로 전망된다.

각각의 단계에 대해 조금 더 자세히 알아보자.

1단계에서는 공개분산원장과 합의된 알고리즘을 바탕으로 가상자산이 블록체인 시스템 내에서 화폐의 기능을 하게 된다. 그러나 활용할 수 있는 범위가 금융 거래와 같은 분야로 제한되고, 거래가 체결되는 속도도 느리다. 따라서 탈중앙화와 투명성이라는 특징만 존재할 뿐, 기술적으로 활용되기는 어려운 단계다.

2단계에서는 기존의 블록체인 시스템에 '스마트계약'이라는 형태의 알고리즘을 활용해 블록체인 네트워크 참여자들이 다양한 형태의 계약이나 응용 프로그램을 블록체인 시스템 내에서 만들고 활용할 수 있다. 이런 기술적 발전을 바탕으로 만들어진 블록체인 기반의 탈중앙화 분산 애플리케이션을 '댑(Decentralized Application, DApp)'이라고 한다. 그러나 이 단계에서도 데이터 처리 속도가 빠르지 않으며, 블록체인 시스템 내에서 발생하는 문제를 해결하기 위해 블록체인 참여자들의 합의가 필요하다는 불편함이 있다. 이를 하드포크(Hard Fork) 이슈라고 부른다. 업데이트를 위한 블록체인 참여자들의 합의가 성공적으로 이뤄지지 않을 경우, 블록체인 시스템이 갈라지기도 하는데 그 대표적인 예가 이더리움

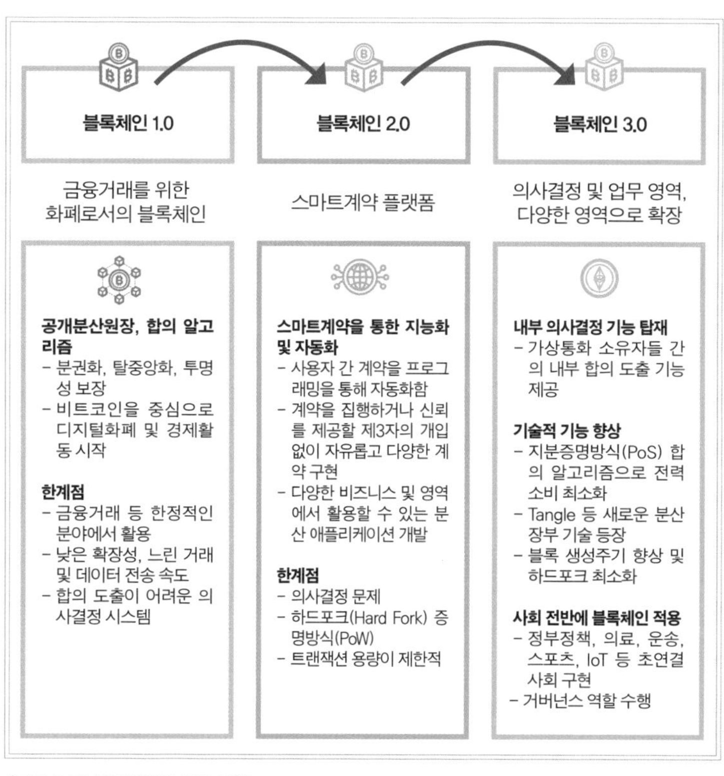

〈그림 2-7〉 블록체인의 변화 방향

자료: 한국인터넷진흥원, 〈NFT 기술의 이해와 활용, 한계점 분석〉, 2021. VOL.03

과 이더리움 클래식이다.

3단계는 기존의 블록체인이 가지고 있는 낮은 확장성, 거래처리 지연, 하드포크 이슈 등을 해결하고, 더욱 효율적인 블록체인 시스템을 구축하는 단계다. 세 번째 단계에 해당하는 가상자산으로는 이오스, 카르다노(에이다), 아이오타 등이 있으며, 관련 서비스가 성공적으로 확장될 경우 그 잠재성은 크지만, 산업계와 사회적 인프라로 확장되기까지는 많은 시간이 소요될 것으로 판단된다.

이더리움의 기술적 진화

이더리움은 비트코인이 가진 한계를 보완하기 위해 등장한 가상자산이다. 이더리움을 발행하기 위해서는 이더리움 네트워크의 프로토콜을 따라야 한다. 이를 'ERC(Ethereum Request for Comment)'라고 부르며, 이더리움 블록체인 네트워크에서 채택되면 하나의 표준으로 자리 잡게 된다. 많은 프로토콜 중 스무 번째로 제시되어 채택된 것이 ERC-20이며, 이 기준에 따라 발행된 토큰이 ERC-20 토큰이다. ERC-20 토큰은 동등한 가치로 구매·판매·교환할 수 있는 '대체 가능한 토큰'이다.

이더리움이 개발된 이후 여러 형태의 프로토콜이 제시됐는데, 2018년 6월 21일에는 이더리움 블록체인에서 대체할 수 없는 토큰을 작성하는 표준안 ERC-721이 채택됐다. 이것이 NFT라고 불리는 '대체 불가능 토큰'이다. 캐나다에 본사를 둔 기업 대퍼랩스(Dapper Labs)가 ERC-721을 활용하여 '크립토키티(CryptoKitties)'라는 게임을 개발했는데, 이 게임에서는 가상의 고양이를 구매하여 수집하거나 번식시킬 수 있다. 게임에 등장하는 고양이들은 각기 다른 형태를 가지고 있으며, 높은 가격에 거래되기도 한다. 그 외 고크립토봇(GoCryptobot), 크립토도저(CrytoCozer) 등 ERC-721 기반의 게임들이 출시됐으며, 다양한 이더리움 프로젝트에서 ERC-721 프로토콜이 활용되고 있다.

그런데 ERC-721에서는 매번 독립적인 계약이 필요하기 때문에 전력 소모, 수수료, 거래처리 속도 등에서 비효율이 발생한다. 이에 블록체인 게임 개발사 엔진(Enjin)에서는 ERC-721을 대체할 표준코드 ERC-1155를 발표하고, 기존 NFT와의 호환성을 연구하고 있다. ERC-1155는 ERC-20 토큰과 ERC-721 토큰을 하나

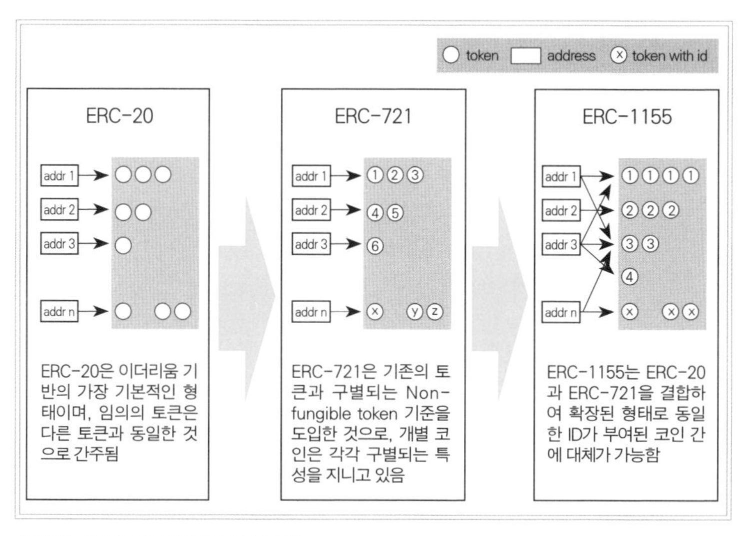

〈그림 2-8〉 NFT와 관련된 토큰 표준안

기능	ERC 종류	입력 값	프로세스
발행	ERC-20	수신주소, 발행량	수신주소로 발행량만큼 코인 전송
	ERC-721	수신주소, 토큰ID	토큰ID의 소유권을 수신주소로 이전
전송	ERC-20	발신주소, 수신주소, 전송량	발신주소에서 수신주소로 전송량만큼 코인 전송
	ERC-721	발신주소, 수신주소, 토큰ID	권한 처리 후 토큰ID의 소유권을 수신주소로 변경한 후 토큰 전송
소각	ERC-20	주소, 소각량	주소에서 소각량만큼 소각
	ERC-721	토큰ID	권한 처리 후 토큰ID의 소유권 정보를 삭제하고 토큰ID 소각

〈표 2-3〉 코드레벨에서의 차이점: ERC-20 vs. ERC-721

의 계약으로 결합하여 만들어낸 표준이다. ERC-1155 기반 토큰은 한 번의 거래에서 다양한 계약을 처리해낼 수 있기 때문에 아이템 대량구매와 같은 기능이 필요한 게임에서 활용되기 좋은 특성으로 평가받는다. 〈표 2-3〉에 ERC-20 기술과 ERC-721 간의 기술적 차이점을 한눈에 볼 수 있게 정리해놓았다.

ERC-721 기술로 만들어낸 최초의 NFT는 2017년 말경 대퍼랩스가 출시한 크립토키티라는 게임이다. 디지털 고양이를 수집하는 것이 목표인 크립토키티는 수집품인 고양이를 NFT로 구현해냈다.

여담이지만, 크립토키티가 처음 출시됐을 때는 블록체인 관련 시장에 엄청난 관심이 쏟아지면서 1억 원 이상에 거래되는 고양이들이 있을 정도였다. 하지만 게임 참여자들이 늘면서 이더리움 블록체인 플랫폼의 부담을 가중시켰고, 이로 인해 게임상에서 고양이 거래 속도가 느려지고 거래 비용이 폭등했다. 크립토키티라는 게임이 플레이어에게 제공하는 핵심 재미가 고양이를 소유하고 번식시키면서 거래하는 것이다 보니, 아이러니하게도 이용자 증가로 인한 시스템 과부하 문제가 크립토키티의 몰락을 가져온 것이다.

NFT 프로토콜

NFT를 설정하기 위해서는 개인 간에 수행하는 거래에서 거래 기록을 남길 수 있는 '기본분산원장(Underlying distributed ledger)'이라고 불리는 일종의 장부를 필요로 한다. 그리고 NFT가 발행되거나 거래가 일어날 때마다 스마트계약이 호출되는데, 거래가 확인되면 NFT에 대한 데이터 및 소유권 정보가 기본분산원장에 저장되고 새 블록에 추가되어 NFT 거래 이력으로 남게 된다. 이와 같은 일련의 과정을 정리하면 다음과 같다.

스마트계약을 통한 NFT 거래 프로세스

- 전자화(digitization): 파일, 제목, NFT에 대한 정보 등의 데이터를 디지털 형태로 변환한다.

⬇

- 저장(store): 디지털로 전환된 NFT의 원본 데이터를 블록체인 데이터베이스 내/외부에 저장한다.

⬇

- 서명(Ssign): NFT 소유자는 인코딩된 고유번호를 포함하여 거래에 대한 내용을 확인한 후 서명함으로써 거래수행 내역을 스마트계약으로 전달한다.

⬇

- 채굴과 거래(mint & trade): 호출된 스마트계약이 NFT 데이터를 포함한 거래수행 내역을 받으면 NFT 거래 이력을 기록할 블록을 채굴하고, 거래 프로세스를 진행한다.

⬇

- 확인(confirm): 거래가 확인되면 채굴 과정이 종료되며, 이를 통해 NFT는 고유 블록체인 주소에 연결되어 영원히 남게 된다.

〈그림 2-9〉가 NFT 프로토콜을 잘 설명해준다.

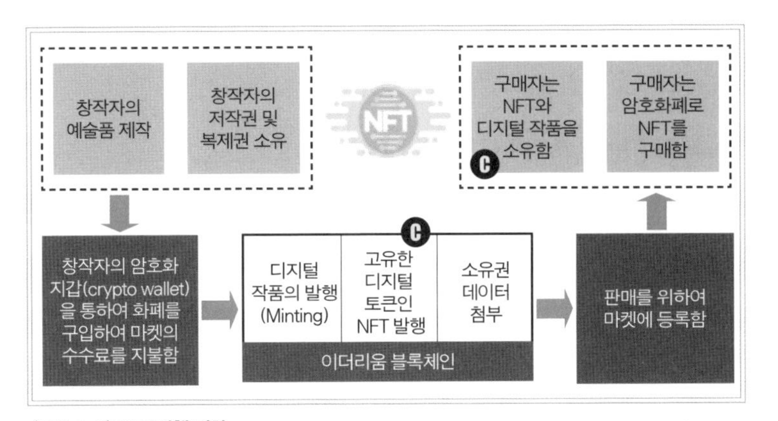

〈그림 2-9〉 NFT 발행 절차

자료: www.datasciencecentral.com

드디어 우리는 NFT가 무엇인지 개념적으로 이해했다. 블록체인에서 발행하는 각각의 토큰을 구별할 수 있도록 블록체인 기술이 진화하여 NFT가 됐다. 이제 NFT에는 무엇이 있는지 그리고 어떻게 분류될 수 있는지를 알아볼 차례다.

06

NFT는 이더리움에서만 만들어질까?

NFT 관련 강연에서 ERC 기술을 설명할 때면, 많은 사람이 마치 이더리움을 통해서만 NFT를 발행할 수 있다고 생각하는 것 같다는 느낌을 받는다. 물론 NFT를 발행할 때 가장 많이 쓰이는 코인은 이더리움이 맞다. 스마트계약이라는 NFT 구성의 핵심 기술을 이더리움이 가지고 있기 때문이다.

그러나 이더리움의 높은 확장성으로 수많은 블록체인 프로젝트가 이더리움을 활용하고 있고, 이 프로젝트들 때문에 이더리움 플랫폼에는 항상 과부하가 걸려 있다. 그러다 보니 이더리움은 느린 처리 속도와 높은 거래 비용이라는, NFT에는 특히 치명적인 문제를 가지게 됐다.

너무 많은 서비스를 하나의 블록체인 플랫폼에서 감당하다 보니 처리가 어려워졌고, NFT를 발행하는 주체들도 이더리움과 유사한 블록체인 플랫폼을 찾기 시작했다. 2022년 현재는 솔라나(Solana)와 카르다노(Cardano)가 유력한 후보로 떠오르고 있다. 솔라나와 카르다노는 가상자산 시가총액 기준 10위 안에 들어갈 만큼 많은 이용자를 확보하고 있으며, 이미 시장에서 이들 플랫폼을 활용한 NFT 발행이 시도되고 있다.

솔라나

솔라나는 이더리움의 고질적인 문제점인 느린 처리 속도와 높은 거래 비용의 개선을 목표로 만들어진 가상자산 플랫폼이다. 솔라나는 2017년에 개발이 시작됐다. 창립자인 아나톨리 야코벤코(Anatoly Yakovenko)는 탈중앙 네트워크의 노드로 단일 노드 수준의 성능을 구현할 방법을 모색하던 중에 솔라나 플랫폼의 아이디어를 얻게 됐다고 한다. 현재 존재하는 어떤 블록체인도 단일 노드급의 성능을 보여주지 못하고 있기 때문에 솔라나가 이를 달성한다면 플랫폼 효율의 혁신을 가져올 것으로 기대된다.

솔라나의 창립자인 야코벤코는 드롭박스, 메소스피어, 퀄컴에서 근무한 이력이 있다. 솔라나라는 명칭은 그가 퀄컴에서 근무할 때 동료들과 함께 서핑했던 샌디에이고의 솔라나 비치에서 따왔다고 한다.

솔라나는 빠른 처리 속도와 낮은 수수료를 위해 역사증명(Proof of History), 타워 BFT(Tower BFT), 터빈(Turbine), 걸프 스트림(Gulf Stream), 시레벨(Sealevel), 파이프라이닝(Pipelining), 클라우드브레이크(Cloudbreak), 아카이버(Archivers) 등 8개의 혁신적인 기술을 도입했다. 이 책을 읽는 당신은 이 기술들이 무엇인지 일일이 알아둘 필요는 없다. 그냥 '이런 기술을 도입해 플랫폼을 효율적으로 만들겠다고 하는구나' 정도로 이해하면 된다.

카르다노

카르다노는 '우로보로스(Ouroboros)'라고 불리는 변형된 지분증명 방식을 이용한다. 카르다노의 핵심인 우로보로스는 보유한 코인 수에 비례해 블록 생성 권한과 검증 권한을 준다는 특징이 있다. 즉, 코인을 많이 보유한 사람일수록 코인의 가치를 떨어뜨릴 비정상적인 거래를 할 확률이 낮다는 가정하에 코인 플랫폼의 안정성을 담보하기 위한 장치인 것이다.

카르다노의 또 다른 특징은 플랫폼 참여자들이 투표를 통해 지속적으로 네트워크를 개선해나가는 유연성이다. 보유한 코인 수에 비례해서 블록 생성 권한과 검증 권한을 주기 때문에 NFT 수집자 입장에서는 매력적이다. 더 많은 NFT를 수집할수록 거래가 더 쉬워질 수 있기 때문이다.

카르다노는 2021년부터 기술적으로 다양한 새로운 시도를 하고 있는데, 안정적인 NFT 플랫폼으로 도약할 수 있을지에 대한 의문은 여전히 남아 있다.

07

NFT에는 어떤 것들이 있을까?

지금까지 NFT를 기술적으로 이해하려 했다면, 이제부터는 NFT를 사회현상 측면에서 이해해보려 한다. NFT의 적용 분야가 무궁무진하다고 이야기하는 사람이 많은데, 정작 관련 도서나 인터넷을 찾아보면 도대체 어디에 적용될 수 있는지 구체적으로 설명한 자료를 찾을 수가 없다. 다들 뜬구름 잡는 소리만 한다. 고구마를 3개 정도 먹은 것 같다. 그래서 '직접 정리하고 말지' 하는 마음으로 국내외의 기사와 보고서들을 50개 정도 검토해서 정리해봤다.

NFT는 디지털 수집품, 예술품, 이벤트 티켓, 게임 아이템 등 다양한 형태로 발행되기 때문에 그 종류도 다양하다. 대표적인 형태를 일곱 가지로 나눠 정리했다.

디지털 수집품

디지털 수집품의 대표적인 예는 이더리움을 기반으로 출시된 게임 크립토키티에서 볼 수 있다. 크립토키티는 2017년에 출시된 블록체인 기반의 고양이 육성 게임이다. 고양이 캐릭터를 수집하고 교배시켜 새로운 고양이를 탄생시킬 수 있는데, 새로 태어난 고양이를 사고팔 수 있다. 크립토키티는 2017년에 출시된 게임으로, 인기가 뜨거워 이더리움 네트워크에 정체를 일으킬 정도였다. 크립토키티는 제각각 다른 모습을 하고 있는데, 몇몇 고양이는 1억 원이 넘는 가격에 팔리기도 했다.

예술품

예술품은 NFT와 가장 연관성이 높은 분야다. 디지털 아티스트들은 자신이 프로그래밍한 코드에 따라 형성된 패턴들을 NFT로 발행하고, 전시하고, 판매한다. 디지털 예술품을 NFT로 발행하면 제작연도, 창작자, 거래 이력 등 예술품의 가격에 가장 중요한 영향을 미치는 요소들에 대한 정보를 투명하게 공개할 수 있다.

이벤트 티켓

NFT는 특정 행사 또는 이벤트 티켓에도 활용될 수 있다. 이벤트 기획자는 특정 블록체인 플랫폼에서 정해진 수의 NFT를 발행해 티켓으로 만들고, 티켓을 구매한 고객들은 이를 모바일 기기를 통해 NFT 지갑(NFT Wallet)에 보관할 수 있다. NFT 티켓으로 이벤트 참여자의 신원조회가 저절로 될 뿐 아니라 티켓 위조도 방지할 수 있다.

음악·미디어

음악과 미디어 파일을 NFT로 발행할 수도 있다. 이런 파일을 NFT로 발행하면 진정한 소유권을 보유한 개인들만 파일에 접근할 수 있도록 구조화할 수 있으며, 불법 복제나 그 비슷한 일로 인한 저작권 분쟁과 같은 일을 사전에 방지할 수 있다. 즉, NFT를 활용하면 음악 · 미디어 업계에서 디지털 자산을 보호하고, 산업 내 신뢰성을 높일 수 있다. 작곡가나 편집자들이 음악과 미디어 파일을 NFT로 발행할 수 있도록 플랫폼을 제공하는 대표적인 곳으로는 라리블(Rarible)과 민트베이스(Mintbase)가 있다.

게임 아이템

NFT는 온라인 게임과의 연계를 통해서도 활용 가능성을 짐작해 볼 수 있다. 온라인 게임 아이템은 통상 게임 내에서만 이용할 수 있다. 그러나 게임 아이템이 NFT로 발행되면, NFT 시장에서 특정 게임 아이템을 거래할 수 있다. 다시 말해 게임 아이템의 소유권을 유저가 갖게 되는 것이다. 또한 NFT 시장에서 원 제작자의 수익을 일정 부분 보장할 수 있도록 스마트계약을 설정할 수 있다는 점에서 게임 개발사 및 개발자의 이익에도 기여할 수 있다. 게임 플레이어는 아이템에 대한 진정한 소유권을, 개발자는 게임 아이템 거래로 추가적인 소득을 얻을 수 있게 된다.

실물자산

NFT는 실물경제에서도 활용될 수 있는 기술이다. 몇몇 NFT 프로젝트는 부동산이나 럭셔리 제품을 NFT로 발행해서 토큰 이코노미에 편입하려는 노력을 기울이고 있다. NFT는 기본적으로 증서이며, 그 증서를 활용해 실물경제에서 거래를 증명하는 수단으로 활용될 수 있다. 즉, NFT를 활용해 실물경제에서의 거래를 투명하고 신뢰성 있게 보증하는 수단으로 활용할 수 있다.

신원증명

NFT의 가장 중요한 특징 중 하나는 희소성이다. 모든 NFT는 고유성을 지니며, 대체될 수 없다. 즉, 고유성 식별이 중요한 영역에서 기술의 가치가 발휘될 수 있다. 이런 점에서 개인의 신원을 확인하는 방법으로 NFT가 활용될 수 있다. 자격증명 또는 신원증명을 NFT로 발행하면, 개인은 신분증을 잃어버릴 위험이 없으며 언제든 신원을 증명할 수 있다.

08
NFT를 매개로 한 예술 산업과 금융 산업의 만남

NFT와 예술의 떼려야 뗄 수 없는 관계

이렇게 정리해놓고 보니 뭔가 뜬구름 잡는 것 같았던 주장들이 조금은 해소되는 느낌이다. 고구마 3개로 답답했던 속에 사이다 한 잔을 마신 느낌이랄까. NFT는 디지털 자산을 저장하는 데 유용하다. 신원도 개인정보라는 자산일 수 있으므로 사실상 NFT는 디지털 자산의 정보를 저장하는 데 쓰인다. 특히 디지털 자산 중에서도 저작권과 보유 이력이 중요한 원본성을 유지해야 할 필요가 있는, 거래될 수 있고 디지털로 만들어질 수 있는 자산에 유효하다.

저작권과 보유 이력이 중요한데, 원본성을 유지해야 하고 거래가 되어야 하며 디지털로 만들어질 수 있는 자산에는 무엇이 있을까? 미술품, 음원, 영상, 캐릭터. 한마디로, 예술품이다. 그래서 NFT에 대해 논할 때는 항상 예술 이야기가 빠지지 않는다.

NFT를 제대로 이해하기 위해서는 예술 산업의 특성을 알 필요가 있다.

결국엔 금융이다

NFT는 예술 산업에 쓰일 때 가장 유용할 수 있다. 혹시 당신은 이런 의문점을 가지지 않았는가?

'그냥 문화예술 자산을 전자화하면 안 되나?'

이 질문에 답하기 위해 앞에서 디지털화와 디지털 트랜스포메이션의 차이를 설명했다. 문화예술 자산의 단순한 디지털화가 아니라 디지털화를 통한 문화예술 산업의 진화와 그 진화를 위한 자본, 이것이 NFT의 핵심이라고 생각한다. 즉 NFT를 매개체로 문화예술 산업은 창조물을 더 쉽고 빠르게 거래할 수 있고, 자본의 조달과 분배에서 효율성을 높여 새로운 성장 동력을 만들어낼 수 있다.

결국 NFT의 목적은 디지털 문화예술 자산을 대상으로 하는 수집, 투자, 거래로 귀결된다. 그러므로 우리는 NFT의 미래를 알기 위해 예술과 금융 그리고 예술금융을 이해할 필요가 있다.

NFT

NON
FUNGIBLE
TOKEN

CHAPTER

3

NFT를 이해하기 위한 시간여행

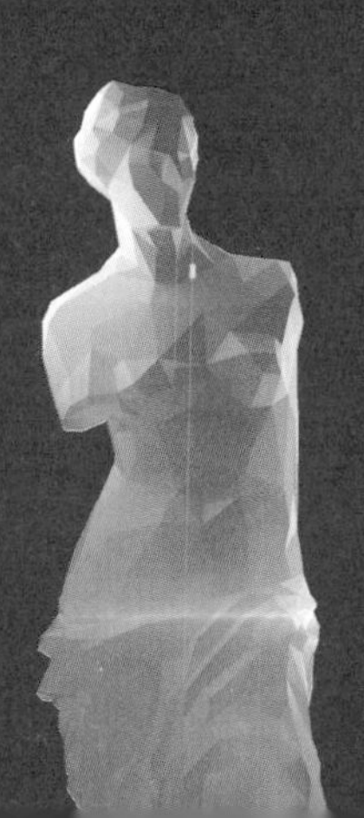

01
디지털 아트는 어떻게 탄생했을까?

NFT는 디지털 세계에서 예술 산업과 금융 산업의 접점이다. 그래서 NFT를 설명하는 대부분의 책이나 문서가 디지털 아트에서부터 이야기를 시작한다. 내 생각과 방향성도 다르지 않다. NFT를 제대로 이해하려면 디지털 아트가 지나온 길을 알 필요가 있다.

의외의 출발점

디지털 아트의 시초는 1960년대로 거슬러 올라간다. 당시 컴퓨터는 매우 거대하고 가격도 어마어마했기 때문에 대기업 부설연구소에서나 찾아볼 수 있는 기계였다. 다룰 수 있는 사람도 공학자나 수학자 정도였다. 디지털 아트의 출발점도 미국의 대형 통신 회사 AT&T의 지원을 받는 벨연구소였으며, 처음 시도한 사람도 마이클 놀(Michael Noll)이라는 공학자였다.

디지털 아트의 시작은 의도치 않게 이뤄졌다. 벨연구소에서 컴퓨터를 통해 이뤄진 작업을 출력하는 과정에서 프로그래밍 오류가 발생했고, 특정한 패턴이 없는 무작위적 그래픽이 출력됐다. 놀은 이것을 '컴퓨터 아트'라고 불렀으며, 우연히 만들어진 출력물에서 예술적 영감을 얻어 디지털 아트를 창작하려는 노력을 기울이게 됐다. 놀은 1962년 컴퓨터 아트에 대한 기술 보고서를 작성해 상부에 보고했지만, 상부에서는 "무엇이 '예술'인지는 예술계에서만 결정할 수 있기 때문에 놀의 작품들은 '패턴'이라고 부르는 게 적절하다"라고 주장했다.

그러나 놀은 생각을 굽히지 않고 연구를 계속했다. 그리고 그 과정에서 '컴퓨터로 만들어낸 작품이 예술가의 작품보다 더 뛰어난 평가를 받을 수 있을까?'와 같은 질문을 던지게 된다. 이에 놀은 컴퓨터 그래픽상에서 무작위로 흩어진 가로선과 세로선을 자유롭게 연결하는 알고리즘을 만들었고, 이를 출력해서 몬드리안의 〈선으로 된 컴퓨터 구성〉이라는 작품과 비교하여 동료들에게 무엇이 더 나은지 물었다. 벨연구소 동료들 대부분은 무엇이 컴퓨터로 만들어진 작품인지 구분해내지 못했으며, 심지어는 컴퓨터 알고리즘으로 만들어진 작품을 더 높게 평가했다.

지속되는 컴퓨터 아트 시도

1960년대 독일에서도 컴퓨터 아트가 시도됐다. 독일 예술가 프리더 나케(Frieder Nake)와 게오르크 네스(Georg Nees)는 각각 수학과 철학을 전공한 사람으로서 통계적 무작위성과 미학에 대한 고찰을 바탕으로 컴퓨터를 활용한 작품을 만들어내려는 시도를 했다. 이 예술가들은 자신의 작품을 1965년 슈투트가르트에 있는 벤델린 니들리히 갤러리에 전시했는데, 이는 디지털 예술가의 탄생을 알리는 신호 중 하나였다.

1970년 말에 들어서는 디지털 아트가 널리 퍼질 수 있는 기반이 마련됐다. 전화선을 통해 디지털 신호를 전송하기가 용이해졌고, 가정용 텔레비전으로 영상을 출력할 수 있는 개인용 컴퓨터 애플II가 출시됐다. 이후 1980년에 들어서자 기술이 급격히 발전하면서 개인용 컴퓨터의 가격이 상당히 낮아졌고, 컴퓨터 이용자들이 디지털 이미지를 만들 수 있는 소프트웨어 제품도 출시됐다. 대중적으로 활용되고 있는 그래픽 편집 소프트웨어 어도비 포토샵도 1987년에 본격화된 서비스다. 미디어 아트로 이름을 날린 백남준의 가장 유명한 작품 〈다다익선〉 또한 1980년 말 디지털 기술의 발전에 힘입어 등장했다.

1980년대부터는 학계에서도 이런 변화를 받아들였다. MIT는 디자인과 기술의 융합을 촉진하기 위해 MIT미디어랩을 설립했으며, 뉴욕 시각예술학교는 컴퓨터 아트 석사 학위 과정을 신설했다.

1990년대에 들어서는 '컴퓨터 아티스트'라는 단어도 거의 사용되지 않았다. 대부분의 예술가 및 디자이너가 컴퓨터로 작업했으며, 컴퓨터를 활용하는 것이 예술 활동의 일부분으로 인식됐다. 런던 출신의 화가 제임스 워커(James Walker)는 1980년부터 디지털 기술을 적극적으로 활용했으며, 자신이 작업한 디지털 작품을 인쇄한 뒤 그 위에 그림을 그리는 등 컴퓨터와 회화 사이를 오가며 디지털 예술과 전통적인 예술 사이의 경계를 허무는 작업을 하기도 했다.

기술의 발전으로 놀랍게 정교해진 디지털 아트

2010년 중반으로 들어서자 4차 산업혁명이라는 거대한 흐름과 함께 디지털 아트에도 큰 변화가 생겼다. 컴퓨터의 연산 능력이 급격히 증대됨에 따라 인공지능 · 빅데이터 · 블록체인 · 사물인터넷과 같은 분야에서 비약적인 발전이 일어났고, 인간 창의성의 영역이라 불리던 예술에서도 컴퓨터 알고리즘을 통해 더욱 생동감 있는 표현이 가능해졌다.

2016년에는 마이크로소프트, 델프트공과대학, 렘브란트미술관 등의 기관들이 협업을 통해 '넥스트 렘브란트(The Next Rembrandt)'라는 프로젝트를 진행했다. 이 프로젝트는 '렘브란트의 화풍을 컴퓨터가 답습하여 새로운 창작물을 만들 수 있는가'에 대한 의문에서 출발했으며, 최종적으로 만들어진 알고리즘은 500시간 만에 렘브란트 스타일의 작품을 만들어냈다. 이렇게 만들어진 예술 작품은 칸 국제광고제(Cannes Lions)의 '사이버 라이언스(Cyber Lions)'를 포함해 60여 개 광고제에서 상을 받았다.

디지털 아트는 예술과 컴퓨터 공학의 상호작용을 통해 미학적

〈그림 3-1〉 넥스트 렘브란트 프로젝트의 최종 결과물

인 아름다움을 자아내는 작품 활동에 해당한다. 그리고 이와 같은 트렌드는 현재 블록체인 기술을 기반으로 디지털 소유권 증빙이라는 개념의 NFT를 통해 예술 활동뿐 아니라 산업 생태계 전반에까지 변화를 일으키고 있다.

02

최초의 NFT부터 현재 가장 인기인 NFT까지

NFT의 시작: 케빈 매코이의 퀀텀

NFT라고 불릴 만한 것의 시초는 NYU 예술학부 교수 케빈 매코이(Kevin McCoy)가 블록체인 네트워크에 등록한 작품이라고 볼 수 있다. 매코이는 디지털 미디어 아트를 전공한 사람으로, 2014년 5월 자신의 작품 〈퀀텀(Quantum)〉을 소유권 증명과 함께 블록체인 네트워크에 등록했다. 이때는 NFT라는 용어가 등장하기 3년 전이었으나, 사실상 NFT의 시초라고 할 수 있다.

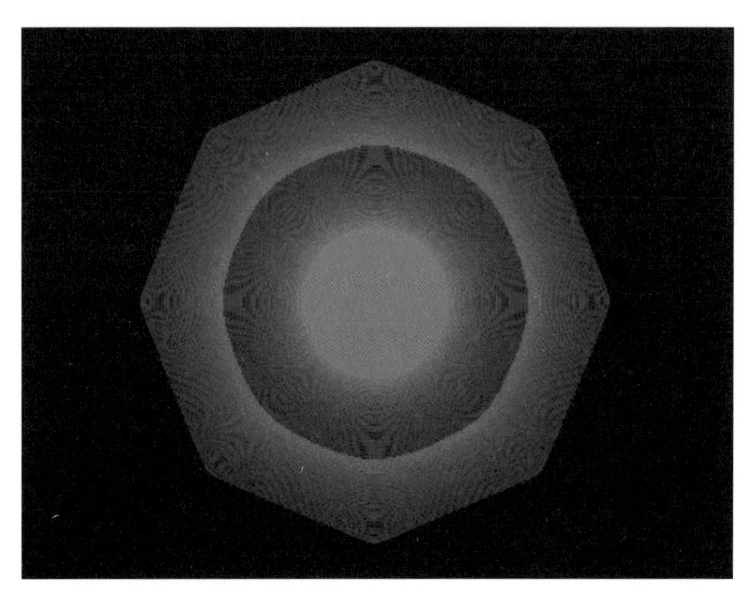

〈그림 3-2〉 케빈 매코이의 작품 〈퀀텀〉
2014년에 처음으로 블록체인에 등록된 매코이의 작품으로, 2021년 6월 소더비 경매에서 147만 달러에 낙찰됐다.
자료: https://ihodl.com/analytics/2021-09-29/asset-tokenization-throughout-history/

NFT의 경제적 가치를 보여준 크립토펑크

이후 2017년 6월, 캐나다의 소프트웨어 개발자 매트 홀(Matt Hall)과 존 왓킨슨(John Watkinson)이 운영하는 회사 라바랩스(Larva Labs)에서 ERC-20을 변형하여 토큰을 발행했다. 이 시기까지도 NFT의 기반이 되는 ERC-721이 공식적으로 채택된 것은 아니었기 때문이다.

라바랩스가 발행한 토큰들의 이름은 '크립토펑크'로 1만 개가량이 이더리움 네트워크에 등록됐다. 크립토펑크는 알고리즘으로 생성된 24×24픽셀의 캐릭터들로, 초기 NFT 프로젝트 중 하나로 꼽힌다. 크립토펑크는 각각 고유의 이미지를 가지고 있으며, 발행된 이미지 수가 1만 개로 제한되어 있기 때문에 희소성이 있다.

크립토펑크가 사람의 형상에 가까워서 소셜미디어상에서 본인의 프로필로 활용하는 사람들도 더러 있다. 미국 래퍼 제이Z(Jay-Z)는 자신과 닮은 크립토펑크를 구입하여 트위터 프로필로 사용하고 있다. 소셜네트워크 트위터에서는 자신이 보유한 NFT 컬렉션을 프로필에 표시하는 기능도 선보일 예정이라고 한다. 즉, 미래에는 자신이 보유한 NFT가 자신을 표현하는 수단으로 자리잡을 가능성도 점쳐지고 있다.

크립토펑크는 ERC-721 개발에 영감을 주었다고 하여 가치를 높게 평가받기도 한다. 비플의 NFT 작품을 제외하면, NFT 시장에서 가장 높은 호가를 기록하는 NFT는 전부 크립토펑크다. 현재까지 NFT 시장에서 거래된 크립토펑크의 거래 규모는 17억 달러를 넘어선 것으로 파악된다. 2021년 6월에 거래된 크립토펑크 #7523은 무려 1,175만 달러를 기록하기도 했다.

〈그림 3-3〉 다양한 크립토펑크들

인간의 형상을 닮은 모습이어서 소셜미디어상에서 프로필로 사용하는 사람이 더러 있다.
자료: larvalabs.com

〈그림 3-4〉 제이Z가 구매한 크립토펑크

제이Z가 자신의 트위터 프로필로 사용하고 있다.
자료: larvalabs.com

게임으로 즐기는 NFT, 크립토키티

2018년 6월 21일에는 ERC-721이 공식적으로 채택됐다. 이후 NFT 기반 게임 및 프로젝트가 대거 진행됐는데, ERC-721을 활용하여 NFT를 최초로 발행한 곳은 캐나다의 게임 개발사 엑시엄

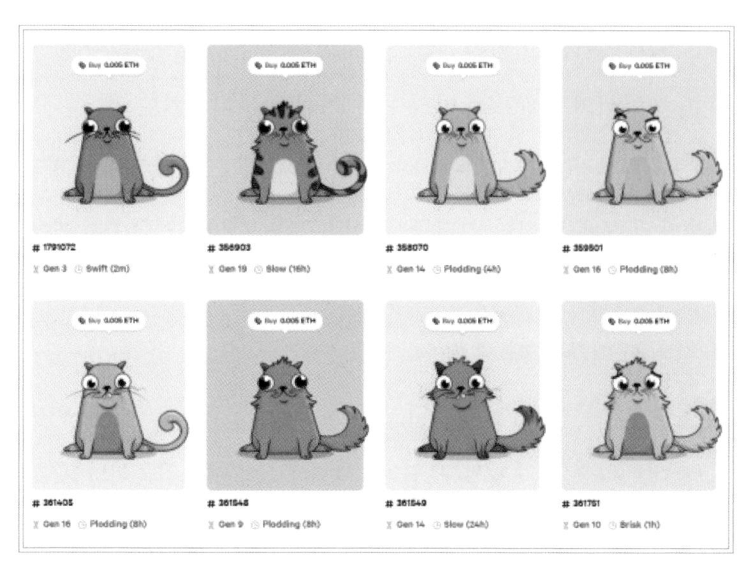

〈그림 3-5〉 다양한 크립토키티들

자료: cryptokitties.co

젠(AxiomZen)이다. 엑시엄젠은 2017년 12월 세계 최초로 블록체인 기술과 가상자산 이더리움 기반의 온라인 게임 크립토키티를 출시했다. 크립토키티에서는 게임에서 사용되는 모든 거래장부와 데이터가 블록체인 방식으로 기록되어 해킹이 불가능하며, 가상자산 이더리움을 통해 게임 내 거래가 가능하다.

크립토키티는 가상의 애완동물(고양이)을 육성하는 게임이다. 게임 내에서 고양이들은 대체 불가능 토큰을 기반으로 만들어지기 때문에 등장하는 모든 고양이가 각기 다른 모습을 하게 된다.

게임 플레이어들은 각자 고유 형태를 지닌 애완동물을 가질 수 있고, 고양이의 생김새에 따라 높은 가치를 부여하기도 한다.

독특하고 귀여운 고양이 이미지를 쏟아낸 크립토키티는 게임 출시와 동시에 엄청난 인기를 누렸다. 크립토키티는 단순히 게임 상에 존재하는 펫을 수집하는 것이 아니라, 자신이 보유한 애완동물 간의 교배를 통해 새로운 고양이를 탄생시키고, 플레이어들끼리 시장가치를 매길 수 있었다. 크립토키티의 인기가 치솟자 이더리움 네트워크 거래에서 크립토키티가 차지하는 비중이 15%까지 높아졌으며, 이로 인해 게임 서비스가 지연되는 상황이 펼쳐지기도 했다.

크립토키티의 인기가 지속되면서 1억 원이 넘는 가격에 거래되는 고양이가 등장했고, 투기와 사행성을 조장한다는 우려의 목소리도 나왔다. 그러나 이더리움 거래를 활성화하고 폭발적인 관심

〈그림 3-6〉 크립토키티 '드래곤'
600이더리움(당시 시세로 17만 달러)에 거래됐다.
자료: cryptokitties.co

을 끌어냈다는 점에서 긍정적인 평가를 받기도 했다.

엑시엄젠은 2018년 3월 크립토키티를 만든 사업부를 '대퍼랩스'라는 독립된 회사로 분사하면서 1,200만 달러의 투자를 받았다. 2018년 11월에는 삼성넥스트(삼성전자의 벤처투자 전문 자회사), GV(알파벳의 벤처투자 자회사), 벤록(Venrock, 록펠러 가문의 투자 회사), GBIC(한 · 중 · 일 합작 블록체인 투자 펀드) 등으로부터 총 170억 원 규모의 투자를 유치하면서 NFT 기반 콘텐츠 및 프로젝트의 성장 가능성을 높게 평가받았다.

03
급성장 중인 NFT 거래 시장

대중의 관심을 폭발시킨 억 단위 경매 소식

ERC-721 표준이 등장한 이후 크립토키티뿐 아니라 오픈시, 엑시인피니티(Axie Infinity), 디센트럴랜드(Decentraland) 등 NFT 기반 프로젝트와 게임들이 쏟아져 나왔다. 엑시인피니티를 개발한 게임사 스카이마비스(Sky Mavis)는 2021년 10월 기업가치를 30억 달러로 평가받고 시리즈B에서 1억 5,000만 달러를 조달했다. 현재 엑시인피니티는 NFT 시장에서 가장 큰 거래 규모를 차지하고 있으며, 일일 액티브 유저 수만 280만 명에 달한다.

코로나19 이후 메타버스와 언택트 경제가 부상하면서 NFT에 대한 대중의 관심도 점진적으로 증가세를 보였는데, 관심이 폭발적으로 높아진 시점은 2021년부터다. 2021년 3월, 디지털 예술가 비플의 작품이 크리스티 온라인 경매에서 6,934만 달러에 거래된 사건이 결정적인 계기가 됐다. 기존 예술계에도 충격을 줄 만큼 큰 금액이었고, 예술가와 구매자 모두의 이목이 집중됐다.

당시 비플의 작품을 구매한 사람은 미국의 유명 시드 액셀러레이터 프로그램에 참여한 비그네시 선더레산(Vignesh Sundaresan)으로, NFT펀드 운용사 메타퍼스(Metapurse)의 공동 창업자이자 블록체인 기술 기업에 전문적으로 투자해온 인물이다. 2021년 4월부터는 글로벌 '빅 3' 경매사(소더비, 크리스티, 필립스)가 모두 NFT 예술품 경매에 뛰어들었다. 이후 에드워드 스노든(Edward Snowden)의 작품 〈스테이 프리(Stay Free)〉라는 작품이 540만 달러에 낙찰되고, 마이카 도벅[Michah Dowbak, 활동명 매드 도그 존스(Mad Dog Jones)]의 작품 〈리플리케이터(Replicator)〉가 410만 달러에 낙찰되면서 NFT 예술품에 대한 관심이 급격히 고조됐다.

NFT 시장 규모와 주요 거래

현재 NFT 시장은 급격한 성장세를 보이고 있다. NBA에서 명장면을 담은 영상물을 NFT로 발행한 NBA 톱샷은 거래 규모가

	Collection		Sales		Buyers	Txns	Owners
1	Axie Infinity		$3,706,282,196		1,295,298	11,514,354	2,881,149
2	CryptoPunks		$1,782,883,263		4,849	19,251	3,351
3	Art Blocks		$1,112,783,650		22,608	124,892	27,442
4	Bored Ape Yacht Club		$886,568,277		8,535	22,998	5,954
5	NBA Top Shot	F	$802,057,124		381,744	12,867,611	614,466
6	Mutant Ape Yacht Club		$467,809,498		11,208	18,789	10,629
7	Loot		$267,748,055		3,660	10,223	2,521
8	Meebits		$246,340,621		5,283	14,076	5,444
9	The Sandbox		$238,749,850		14,924	33,831	17,113
10	Cool Cats		$199,054,332		8,127	23,375	5,032
11	CrypToadz		$180,652,692		6,573	15,666	3,668
12	Parallel Alpha		$171,642,782		12,114	71,590	
13	Farmers World		$166,818,533		27,448	725,933	42,672
14	MekaVerse		$160,464,902		4,927	9,873	5,107
15	Sorare		$155,223,967		47,786	819,581	68,567
16	0N1 Force		$148,723,847		7,110	16,368	4,225
17	PUNKS Comic		$142,821,167		3,686	9,493	3,322
18	Pudgy Penguins		$139,608,471		10,220	27,387	4,706
19	CloneX		$136,054,177		2,850	4,847	6,513
20	CyberKongz		$134,709,443		2,547	4,393	2,245
21	Zed Run		$125,325,202		45,863	179,981	44,728
22	Doodles		$120,938,998		7,827	14,515	5,311
23	Degenerate Ape Academy		$115,445,641		6,069	17,538	4,925
24	Bored Ape Kennel Club		$113,924,168		5,819	14,116	4,986
25	Solana Monkey Business		$112,651,575		3,053	6,746	2,444
26	Curio Cards		$104,517,449		6,239	19,206	1
27	Veefriends		$103,646,417		1,475	3,077	5,103
28	Creature World NFT		$98,777,694		9,558	20,386	5,942
29	RTFKT CloneX Mintvial		$92,188,110		2,432	5,074	1
30	LOSTPOETS		$92,075,339		7,878	20,933	5,566

〈그림 3-7〉 NFT 거래 가격 순위

매우 비싸게 거래되고, 많은 소유자들이 있음을 알 수 있다.
자료: CryptoSlam!(cryptoslam.io)

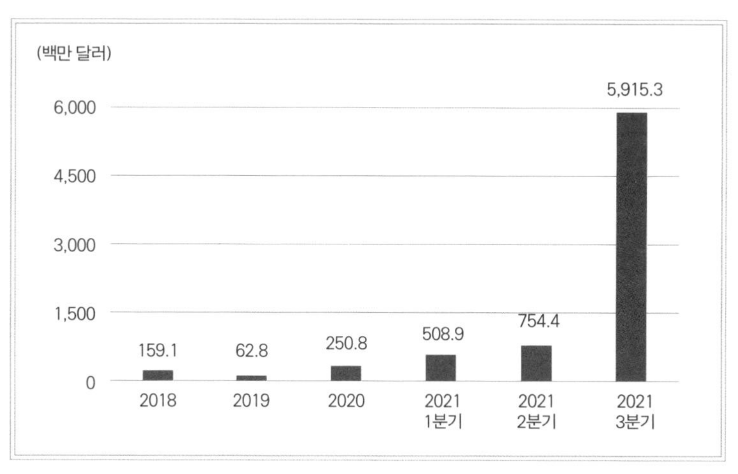

〈그림 3-8〉 NFT 시장 거래 규모 추이
2021년 3분기의 약진이 눈부시다.
자료: NonFungible.com

8억 달러에 육박하며, NFT 기반 비디오 게임 엑시인피니티의 게임 아이템 거래 규모는 36억 달러를 넘어섰다. 2021년 8월, NFT 마켓 플레이스 오픈시의 NFT 거래 체결 규모만 30억 달러가 넘었다. NFT 시장 동향 조사 기업인 넌펀저블닷컴(Nonfungible.com)에 따르면 2021년 3분기에 거래된 NFT 거래 규모는 59억 달러로, 2021년 2분기 거래 규모의 8배에 달한다.

공식적으로 가장 비싼 가격에 거래된 NFT는 비플의 〈매일: 첫 5,000일〉이다. 2007년 5월부터 2020년 11월까지 매일 하나씩 제작해 모두 합쳐놓은 작품인데, 2021년 3월 온라인 크리스티 경매에서 6,934만 달러에 낙찰됐다. 6,934만 달러는 기존 예술계에

현존 작가 작품 경매가 순위		NFT 판매가 순위	
1. 제프 쿤스 〈토끼〉(2019) 9,110만 달러		1. 비플 〈매일: 첫 5,000일〉(2021) 6,930만 달러	
2. 데이비드 호크니 〈예술가의 자화상〉(2019) 9,030만 달러		2. 비플 〈휴먼 원〉(2021) 2,890만 달러	
3. 비플 〈매일: 첫 5,000일〉(2021) 6,930만 달러		3. 라바랩스 크립토펑크 #7523(2021) 1,175만 달러	
4. 제프 쿤스 〈풍선개〉 (2013) 5,840만 달러		4. 라바랩스 크립토펑크 #3100(2017) 758만 달러	
5. 게르하르트 리히터 〈돔플라츠, 밀라노〉(2013) 3,710만 달러		5. 라바랩스 크립토펑크 #7804(2017) 757만 달러	

〈그림 3-9〉 현존 작가의 경매가와 NFT 판매가 비교

서도 보기 드문 높은 금액이다. 현존하는 작가들의 작품 경매가를 기준으로 했을 때, 비플의 작품 〈매일: 첫 5,000일〉은 제프 쿤스(Jeff Koons)의 〈풍선 개(Balloon Dog)〉와 데이비드 호크니(David Hockney)의 〈예술가의 자화상(Portrait of an Artist)〉에 이어 3위에 올랐다. 그리고 2021년 11월 9일 크리스티에서 낙찰된 비플의 작품 〈휴먼 원(Human One)〉이 2,890만 달러를 기록했다. 이는 생존 작가로서는 경매가 순위 5위를 기록한 게르하르트 리히터(Gerhard Richter)의 〈돔플라츠, 밀라노(Domplatz, Mailand)〉와도 큰 차이가 나지 않는 수준이다.

NFT를 통해 기회를 맞이한 예술가는 비플에 그치지 않는다. 2021년 6월 크리스티에서 진행된 경매 '네이티블리 디지털: 큐레이션된 NFT(Natively Digital: A Curated NFT Sale)'에는 28개의 작품이 출품됐는데, 모든 작품이 낙찰됐고 낙찰총액이 1,680만 달러(한화 약 190억 원)에 달했다. 디지털 예술가들은 NFT를 기반으로 수익을 창출할 다양한 기회를 접하게 됐으며, 전통적인 예술품 중개기관도 NFT를 적극적으로 받아들이며 새로운 수익원과 고객을 발굴하고 있다.

04
NFT를 발행하고 거래하는 플랫폼들의 급부상

슈퍼레어

슈퍼레어(Superrare)는 디지털 예술 작품을 거래하는 플랫폼 기업이다. 이곳에서 거래되는 작품들은 모두 NFT 기반이기 때문에 작품별 소장 이력이 투명하게 관리된다. 또한 슈퍼레어의 거래 플랫폼에 작품을 등록하기 위해서는 슈퍼레어 소속 예술 전문가들의 검증을 받아야 하기 때문에 수준 높은 작품들을 중심으로 거래가 이뤄진다.

특이한 점은 거래 플랫폼 내에 소셜네트워크를 구축했다는 점이다. 슈퍼레어 측에서는 예술품 수집 행위란 본질적으로 사회적

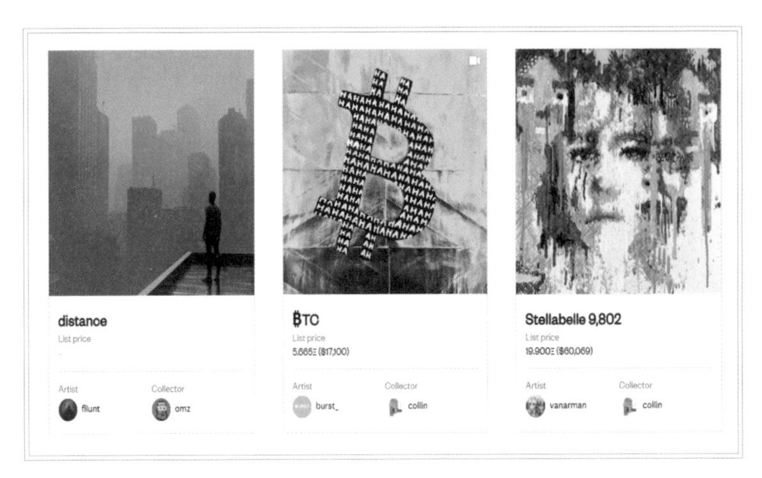

〈그림 3-10〉 슈퍼레어에 등록된 NFT들

자료: superrare.com

이기 때문에 거래 이력에 대한 투명한 기록을 바탕으로 할 때 서비스 이용자들이 자신의 지위와 미적 취향을 더욱 잘 드러낼 수 있다고 말한다. 이에 자신이 선호하는 슈퍼레어 소속 예술가들과 네트워크를 형성하고 다양한 미적 자극을 받을 수 있는 환경을 조성하는 데 초점을 둔다고 밝혔다.

슈퍼레어는 디지털 예술품 거래에 대해 15%의 커미션을 떼고, 나머지 85%를 제작자에게 준다. 특정 작품이 여러 차례 재판매될 경우, 작품 제작자는 소유권을 타인에게 넘긴 이후에도 재판매되는 가격의 10%를 로열티로 받아 갈 수 있도록 플랫폼이 조성되어 있다. 이는 이더리움 기반의 스마트계약을 통해 구축할 수 있는 기능 중 하나이며, 토큰 스탠다드는 ERC-721을 기반으로 한다.

2021년 3월 슈퍼레어는 시리즈A 펀딩을 통해 900만 달러를 투자받았는데, 삼성전자의 자회사 삼성넥스트, 세일즈포스(Salesforce)의 창업자 마크 베니오프(Marc Beniof) 등이 투자에 참여했다.

오픈시

NFT 거래 플랫폼으로 가장 유명한 곳은 오픈시다. 오픈시는 2017년에 설립된 NFT 거래 플랫폼 기업으로 NFT 시장이 확대되기 전에 기반을 다졌다. 예술 작품뿐 아니라 NFT로 발행된 게임 아이템, 캐릭터, 게임 내 부동산 등 다양한 토큰을 거래할 수 있으며, 누구든 NFT를 등록하고 거래할 수 있도록 만들어져 있다. 따라서 진입장벽은 낮지만, 슈퍼레어처럼 높은 수준의 NFT 기반 예술품을 찾기는 어려울 수 있다.

NFT에 대한 수요가 급증함에 따라 오픈시의 실적도 급격한 상승세를 보이고 있다. 2019년 9월에만 해도 오픈시의 월 거래 규모는 110만 달러, 매출은 2,800달러였다. 그런데 2021년 6월 들어 3억 5,000만 달러로 치솟았으며, 8월에는 무려 34억 달러를 기

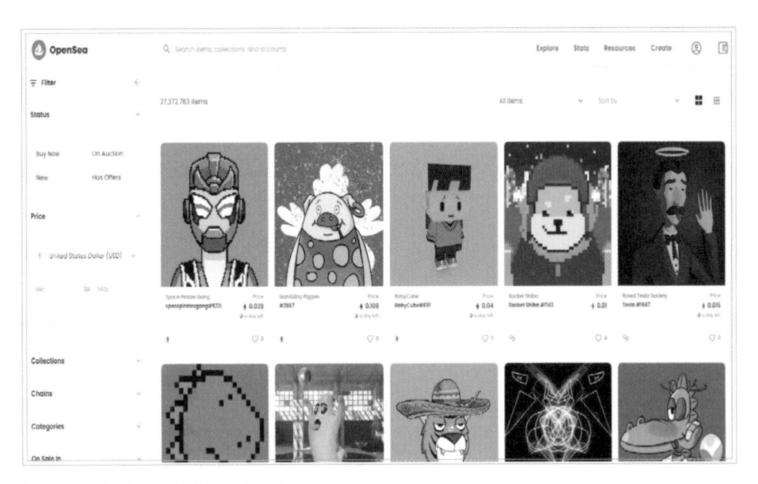

〈그림 3-11〉 오픈시에 등록된 NFT들
자료: opensea.io

록했다. 거래 규모 증가에 따라 거래 금액의 2.5%를 수수료로 수취하는 오픈시의 월간 매출도 8,500만 달러로 증가했다.

NFT 시장에 대한 관심이 급증하면서 오픈시의 기업가치도 급등했다. 2021년 3월 오픈시는 시리즈A로 2,300만 달러를 조달했는데, 단 4개월 만에 기업가치를 15억 달러로 평가받으며 시리즈B로 1억 달러를 추가로 투자받았다.

2021년 3월 말에는 카카오의 블록체인 기술 계열사 그라운드X의 자체 블록체인 플랫폼 '클레이튼(Klaytn)'이 오픈시와 기술 통합을 완료했다. 이에 따라 클레이튼에서 발행된 NFT가 오픈시에서 조회 및 거래될 수 있게 됐다.

이처럼 여러 플랫폼 기업 간의 기술 통합은 블록체인 기반의 생태계에서 더 나은 이용 환경을 제공하며, 그 추세는 더욱 거세질 것으로 전망된다.

05

NFT는 어떤 가치를 가지는가?

NFT의 시장가치와 희소성

NFT 시장이 꽤 크고, 빠르게 성장하고 있음을 보면서 당신도 이미 느꼈을 것이다. '돈이 되겠구나' 하고 말이다. 많은 사람이 NFT를 판매하고 구매하고 있다. 가격이 형성되고 거래가 이뤄진다는 것은 시장에서 경제적 가치가 만들어졌다는 의미다. NFT의 시장가치는 분명 존재한다.

애덤 스미스는 가치가 '역설적'이라고 말했다. 재화의 가격과 효용에 괴리가 있음을 지적한 표현이다. 어떤 재화가 한정적이라면(희소하다면), 판매자와 구매자들이 시장에서 가격을 부여한다.

이때의 가격은 시장을 통해 정해진 것이지 그 재화의 유용함을 반영한다고 볼 수는 없다. 예를 들어 다이아몬드는 희소하며 높은 가격이 매겨져 있지만 유용하지는 않다. 그에 비해 물은 매우 유용하지만 가격이 낮다. 물론 우리는 이런 현상이 재화의 한계효용(마지막으로 소비되는 하나가 주는 행복감)에 따라 가격이 형성되기 때문에 합리적이라는 것은 잘 알고 있다. 합리적으로 설명할 수 있다고 해서 애덤 스미스의 주장이 틀려지는 것은 아니다. 시장가치 그리고 가격은 역설적이다.

대부분의 예술품 가격이 높은 이유는 다이아몬드의 가격이 높은 것과 같은 맥락이다. 희소성이 그 원인이다. 그 작품이 하나만 존재하기 때문에 혼자 소유한다. 그리고 작품의 감상 또한 자신이 남들에게 허용하지 않는 이상 독점할 수 있다.

NFT의 가치는 희소성에서 오는가?

이런 관점에서 볼 때, 시장에서 NFT의 가격이 높은 것은 NFT 본연의 가치가 높거나 희소하기 때문인 것으로 생각해볼 수 있다. 그런데 후자는 조금 모호하다. NFT가 희소하지는 않기 때문이다. 앞서 살펴봤듯이 블록체인 기술을 기반으로 하기에 원본임을 증명할 순 있지만, 하나의 작품이 하나의 NFT로만 만들어질 필요는

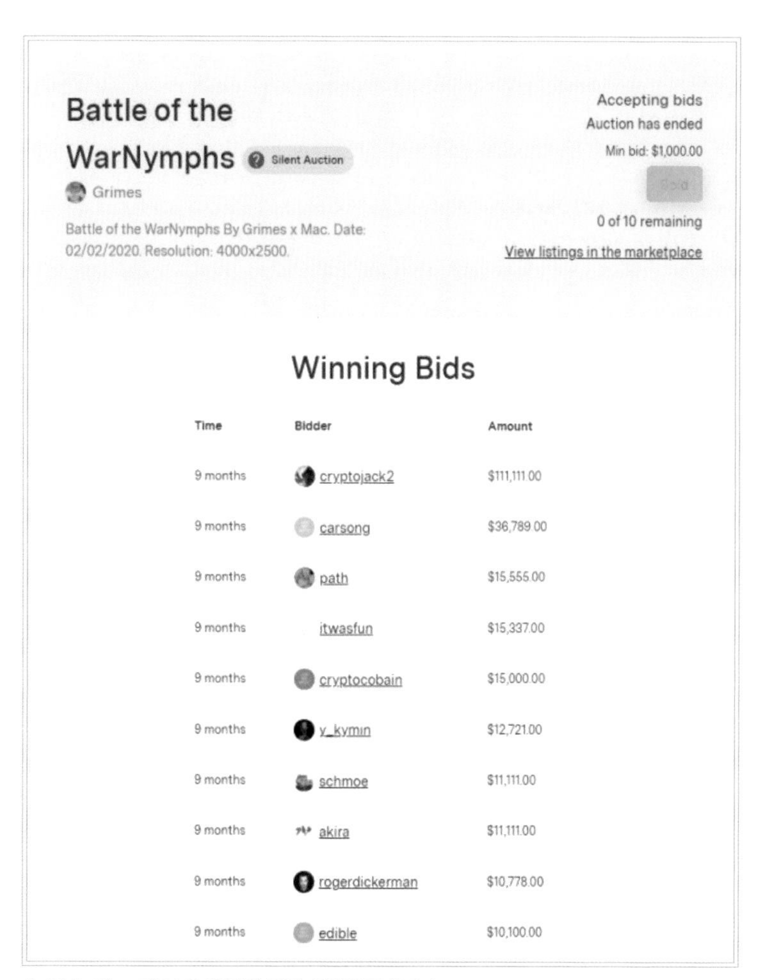

〈그림 3-12〉 그라임스의 〈전쟁의 정령〉 컬렉션 경매 결과

앞에서 이미 본 순위이지만 다시 가져왔다. 같은 작품이 10개의 서로 다른 NFT 토큰에 저장되어 경매됐다.
자료: niftygateway.com

없기 때문이다. 심지어 NFT 작품은 누구나 감상할 수 있다.

희소성은 생산된 재화가 그 재화를 소비하고자 하는 사람들이 원하는 만큼 존재하지 않을 때 나타나는 현상이다. 그런데 예술품의 소비를 감상이라고 한다면 NFT는 희소하지 않다. 반면 예술품의 소비를 소유라고 한다고 NFT는 희소하다. 그렇다고 해도 한 작품이 100개, 1,000개, 심지어는 1만 개씩 복제되어 경매된다는 점을 고려하면 가격을 현재처럼 높게 책정할 만큼 희소한 건지는 잘 모르겠다.

상식적인 수준에서도, NFT 가격이 높은 이유가 NFT 작품의 숫자가 적어서는 아니라는 점을 알 수 있다. 만약 그라임스의 〈전쟁의 정령〉이 10개가 아니라 100개가 경매에 출품됐다고 하더라도 최고 가격이 크게 차이 나지 않았을 것이다. 10개가 아니라 1개였어도 마찬가지였을 것이다. 물론 최저 가격의 차이는 있겠지만 말이다.

NFT의 가치는 작품의 내재적 가치인가?

그렇다면 일단 희소성은 NFT의 시장가치를 결정하는 데 아주 중요한 요소라고 보기 어렵다. 그럼 NFT에 저장되어 있는 작품 본연의 가치가 높은 것일까? 현재 NFT에 대한 긍정적인 시각 중 큰 부분이 오프라인 기반 기존 예술 산업에서 인정받지 못하던 작가들에게 훌륭한 기회를 제공한다는 점이다. 이를 뒤집어 이야기하면, 기존에는 작품의 가치를 인정받지 못하던 작가들의 작품이 NFT에 저장되어 비싸게 팔리고 있다는 뜻이다.

물론 기존에 인정받지 못하던 작가들의 작품 가치가 무조건 낮아야 하는 건 아니다. 그러나 확률적으로 기존에 인정받던 작가들일수록 작품 자체의 가치가 높다고 할 수 있다. 그러므로 이 질문에 대한 답도 나왔다. 작품의 내재적 가치가 어느 정도 영향은 주겠지만 결정적인 요인은 아니라는 것이다. 일단 NFT의 현재 시장가치를 경제학적 관점에서 설명하기는 어려울 것 같다.

분산화된 거래와 결제를 추구하는 NFT는 블록체인 기술을 기반으로 하기 때문에 평등한 예술 시장을 추구한다고 자주 언급된다. NFT의 스마트계약을 이용하면 작가들에게 기존보다 더 많은 보상이 돌아간다는 것이 그 근거다. NFT 시장은 작가를 중요시한다.

NFT의 가치는 사회적 관점에서 봐야 한다

그렇다면 도대체 NFT의 시장가치는 어디서 오는 것일까? 블록체인 산업에 종사하는 사람들은 블록체인의 가치가 '탈중앙화된, 평등하고 공정하고 형평성 있는 토큰 이코노미에 있다'고 이야기한다. NFT도 블록체인을 기반으로 하기 때문에 이와 비슷한 이야기가 종종 나온다. NFT는 평등한 사회, 탈중앙집권적 예술 산업이라는 형평성과 공정성에 근거한 사회적 가치를 추구하기 때문에 사회적 가치가 있다는 것이다.

그런데 블룸버그, CNN 등 다수의 매체는 NFT 시장을 이미 몇몇 작가가 독점하고 있다고 보도한다. NFT 작품 〈에시컬(ETHical)〉로 스타덤에 오른 캐나다의 앨러나 에징턴(Alana Edgington)은 "NFT 시장을 남성들이 지배하고 있다"라고 이야기하기도 했다.

2022년 현재 우리나라에서도 이런 독점 현상은 충분히 찾아볼 수 있다. 국내외를 막론하고 작가로서 NFT 시장에 접근하는 건 사실상 가상자산과 관련되어 있는 소수에게만 가능하다. 나머지는 모두 NFT를 구매할 뿐이다.

NFT 시장이 탈중앙집권적인, 공정하고 형평성 있는 사회를 만든다는 공감대가 아직은 형성되지 않은 것 같다. 미래에는 어떨지 몰라도, 일단 아직은 아니다. 내가 생각하는 현재 NFT 가치의 핵심 유인은 첫째 기술, 둘째 기술에 대한 환상, 셋째 기술에 대한 마케팅이다.

06

희소성과 기회비용 그리고 클럽재의 개념

앞에서 NFT의 가치를 이야기해봤다. 그에 더해 희소성, 선택과 집중(기회비용), 배제성과 경합성(클럽재)이라는 조금은 더 근본적인 개념을 짚어본다면 NFT의 성격과 특징을 이해하는 데 도움이 될 것이다. 나는 평생 경제학을 배워온 터라 이런 개념들에 대해 항상 이야기한다. 경제학은 '희소한 재화를 효율적으로 나누는 법'을 연구하는 학문이기 때문이다.

희소성이란 무엇일까?

희소성은 물리적으로 제한된 현실의 자원을 원하는 여러 사람에게 분배해야 하기 때문에 생기는 경제적 문제다. 인간 사회에서 생산 자원이 제한되어 있다는 것은, 여러 인간의 욕구를 충족하기 위해서는 어떤 방식으로건 자원을 분배하는 방법이 필요하다는 얘기다.

그러므로 희소성이란 사회 구성원들의 욕구를 모두 만족시킬 만큼 그 물건이 충분치 않다는 것을 뜻한다. 인간의 욕구는 무한하다 보니 자신이 이미 가지고 있거나 자신의 역량으로 취할 수 있는 것보다 더 많은 것을 원하는 것이 일반적이다. 돈이 많건 적건, 욕심이 많건 적건 인간은 자신이 가진 것에 만족하지 않는 성향을 보인다.

선택과 집중(기회비용)

자신이 원하는 모든 것을 가질 수 없기 때문에, 결국 두 목표 중 하나를 달성하려고 하면 다른 목표의 달성이 늦어지거나 무산되는 트레이드 오프의 상황에 직면하게 된다. 예를 들어 아버지께서 퇴근길에 치킨을 사 오셨다고 해보자. 아버지께 먼저 인사를 할 것인지 치킨을 먼저 받아 들 것인지, 우리는 선택의 기로에 놓인다. 둘을 동시에 하면 해결되겠지만, 어쨌든 간발의 차이일지라도 행동에 '먼저'와 '나중'이 생길 수밖에 없다. 치킨을 먼저 받으면 아빠가 서운할 테고 아빠에게 먼저 인사하면 치킨에게 무례한 일이다. 물론 인사를 먼저 하고 치킨을 받아도 사실상 달라지는 건 없지만, 아이들에게 이건 치킨을 영접하는 기분의 문제다.

이에 따라 모든 사람은 선택과 집중을 하게 된다. 자신이 가장 원하는 것을 선택하고 그 이외의 것들은 포기하거나 연기함으로써 제한된 시간과 자원을 활용한다. 당연히 현실세계의 경제 상황에 따라 선택의 방향이 변화한다. 이 과정에서 우리는 하나를 선택하면 다른 선택지들을 잃어버리는 상황에 직면하며, 나머지 선택지들이 줄 수도 있었을 만족감 또는 효용을 포기해야만 한다. 이렇게 포기하는 만족감들 중 가장 큰 만족감을 경제학자들은 '기회비용'이라고 부른다. 즉, 기회비용은 '선택을 할 때 포기해야 하는 여러 대안 중 최고의 가치를 갖는 대안'을 뜻한다.

배제성과 경합성(클럽재)

예술품을 사는 이유 중 아주 중요한 것을 들자면 그 예술품이 좋아서, 아름다워서, 내 마음에 들어서 등이라고 할 수 있다. 그리고 또 다른 이유는 그 작품이 유일무이해서 혼자 소유할 수 있기 때문이다. 작품의 감상 또한 독점할 수 있다.

즉 예술품이라는 재화는 배제성이 있고 경합성은 없다. 배제성

	경합성	비경합성
배제성	사적재 (예: 마트에서 파는 사과)	클럽재 (예: 방송, 예술품)
비배제성	공유자원 (예: 막히는 무료 도로)	공공재 (예: 국방)

〈표 3-1〉 경합성 vs. 비경합성, 배제성 vs. 비배제성

이란 소유자 또는 권리를 가진 누군가가 그 재화의 소비를 막을 수 있는 성질을 의미한다. 경합성은 한 사람이 재화를 소비하면 다른 사람이 그 재화를 소비하는 데 제약이 생기는 성질을 뜻한다. 예술품은 독점할 수 있기 때문에 배제성은 있지만 한 사람이 감상한다고 해서 다른 사람이 감상하지 못하는 것은 아니기 때문에 경합성은 없다. 이렇게 배제성은 있지만 비경합적인 재화를 경제학에서는 '클럽재'라고 부른다.

NFT는 희소성이 적은 절반의 클럽재다

이상의 개념을 NFT에 적용해보자. 하나의 작품을 기술적으로 100개, 1,000개 심지어는 1만 개씩 복제해 NFT에 저장할 수 있다는 점을 고려하면 NFT의 희소성은 인위적으로 만들어질 수도 있고 없앨 수도 있는 것으로 보인다. 즉 NFT에 저장되는 작품은 희소하게 만들 수 있으나 꼭 희소할 필요는 없다.

물론 하나의 작품이 여러 NFT에 저장될 수 있기는 하지만, '그' NFT는 블록체인상에 하나밖에 존재할 수 없다. 또한 이 NFT는 토큰의 형태로 소유할 수 있다. 그러므로 소유의 배제성이 있다. 그에 반해 온라인에서 누구나 감상할 수 있기 때문에 인터넷과 세상에 존재하는 해당 파일의 복제본을 모두 지워버릴 경우에만 감상, 즉 소비의 배제성을 확보할 수 있다. 결국 NFT는 예술품과 비교할 때 절반의 배제성을 가진다고 할 수 있다. 물론 NFT에 저장된 작품도 한 사람이 감상한다고 해서 다른 사람이 감상하는 데 문제가 생기는 건 아니기 때문에 비경합성을 가지고 있다.

결론적으로, NFT는 '희소성이 적은 절반의 클럽재'로 이해할 수 있다.

07

NFT의 핵심은 기술보다 작품이어야 한다

지금까지 우리는 NFT의 기술적 측면에서 시작해 현황, 거래 시장, NFT의 가치와 의미까지 알아봤다. 이 정도면 NFT를 이해하는 데 필요한 가장 중요한 핵심 요소들에 대한 기초지식은 충분히 쌓였다고 생각한다.

NFT는 블록체인 기술이 진화하면서 발생했고, 블록체인 기반 코인들이 가지고 있는 탈중앙화 · 보안성 · 투명성 · 익명성 · 안정성이라는 특성을 그대로 물려받았다. 이런 이유로 사실상 NFT는 디지털 자산의 정보를 저장하는 데 쓰인다. 특히 디지털 자산 중에서도 저작권과 보유 이력이 중요한, 원본성을 유지할 필요가 있고 거래될 수 있고 디지털로 만들어질 수 있는 자산에 유효하다. 이는 문화예술 산업의 디지털 트랜스포메이션을 위한 자본 교환 및 조달 방식으로 NFT가 유용하게 쓰일 수 있음을 의미한다.

그래서 NFT를 '예술 산업과 금융 산업이 디지털 세계에서 만나는 접점'이라고 표현했다. NFT의 목적은 디지털 문화예술 자산의 수집, 투자, 거래로 귀결된다.

예술품, 음원, 영화 등과 같은 문화예술 자산의 소장과 거래에서 가장 중요한 요소는 자산의 문화적 가치다. 특정 미술품이 종이, 벽, 나무, 천, 도자기, 아이패드 등 어떤 바탕 재질을 이용했는지는 그 작품을 제작한 작가나 작품의 미학적 가치보다 일반적으로 덜 중요하다. 같은 이유로 미술품이 연필로 그려졌는지, 물감으로 그려졌는지, 어떤 물감을 이용했는지 같은 요소들은 작품의 가치에 미치는 영향을 미치는 요인들 중 상대적으로 덜 중요하다.

NFT 기술을 이용했거나 NFT 토큰에 저장되어 있는 디지털 예술품들 또한 결국에는 예술품이라는 본질이 사라지는 것이 아니다. 따라서 NFT라는 기술을 이용한 것도 작품의 가치에 영향을 미칠 수 있겠지만, 작품 자체의 미학적 가치가 더 중요하다고 볼 수 있다.

그런데 요즘 보면 NFT에 자산을 저장했다는 이유만으로 실적이 하나도 없던 작가의 작품이 수억 원, 수십억 원에 거래되곤 한다. 대표적으로 캐나다 온타리오주에 사는 앨러나 에징턴이라

〈그림 3-13〉 앨러나 에징턴의 작품 〈에시컬〉
이 작품은 온라인 경매에서 10만 캐나다 달러에 낙찰됐다.
자료: BBC News 코리아, "NFT: '가상화폐 작품 판매로 제 인생이 완전히 달라졌어요'", 2021.3.15

는 작가의 예를 들 수 있다. 에징턴은 평생 작품 활동을 해왔지만 갤러리에 한 번도 걸어보지 못했고, 아이들을 키우기 위해 창작을 멈추고 원예 학위를 따기 위해서 공부하고 있었다. 그러던 중 NFT를 접했고 예전에 판매에 실패했던 〈에시컬〉이라는 작품을 500달러 정도의 가치로 온라인 경매에 올렸다. 놀랍게도 이 작품은 10만 캐나다 달러(약 9,000만 원)에 판매됐다.

상식적으로 생각해보자. 현역 때 전시회를 한 번도 열지 못했고, 몇 년간 작품 활동을 멈추었던 작가의 작품을 10만 캐나다 달러에 구매할 수집가나 투자자가 과연 몇 명이나 될까? 물론 에징턴이 아직 역량을 인정받지 못한, 훌륭한 작가일 수도 있다. 그러나 이보다는 작품을 NFT화하여 판매했기 때문에 가격이 올랐다고 생각하는 것이 확률적으로나 상식적으로 더 적절하다.

여기에는 여러 가지 이유가 있을 것이다. 일단 흔히 생각하듯이, 예술계나 예술 작품에 대한 이해가 부족하기 때문에 작품의 가치보다는 기술에 집중하는, NFT라는 기술에 현혹된 수집가와 투자자들이 이런 현상을 빚어낼 수 있다는 점이다. 그러나 현재 NFT에 저장된 작품들을 구매하는 사람들 대부분이 크립토펀드(가상자산 또는 가상자산 관련 주식에 투자하는 펀드) 투자자라는 점을 고려할 때, 상식적인 수준보다 훨씬 높은 가격은 이들이 시장을 만들기 위해 노력하는 과정에서 형성됐다고 보는 것이 더 합리적일 것이다. NFT에 특정 작품 · 자산 · 정보가 저장되어 있다고 해서 또는 특정 작품이 NFT 기술을 이용한다고 해서 그 작품이 NFT 기술을 이용하지 않았을 때와 비교해 가치가 크게 달라질 확률은 높지 않다는 얘기다.

당연하지 않은가? '뭉크의 〈절규〉가 디지털로 존재하건 화폭에 존재하건 〈절규〉는 〈절규〉잖아!'라면서 NFT 기술만 사용하면 가격이 올라가는 현재 시장을 보며 절규해본다.

이런 관점에서 보면 NFT는 금융적 관점에서 완벽할 수 없다. NFT가 블록체인을 이용하므로 블록체인 기술의 특성만이 아니라 한계 또한 계승하기 때문이다.

08
현재 NFT는 어떤 측면에서 취약한가?

NFT는 기본적으로 이더리움 생태계를 기반으로 한다. 이는 곧 이더리움에서 발생하는 오류가 NFT에서도 발생할 수 있다는 의미다. 이런 문제점 중 현재 쟁점이 되는 몇 가지 문제를 살펴보고자 한다.

체결 속도

NFT는 스마트계약을 통한 투명한 거래 이력 관리를 특징으로 한다. NFT 발행 및 거래 내역이 기존의 블록체인 시스템에 연결되면서 추가적으로 저장되는데, 문제는 이더리움의 거래처리 속도가 느리다는 것이다. 1초에 얼마나 많은 거래가 처리되어서 블록에 저장되는지를 보여주는 단위가 TPS(Transaction Per Second)인데, 이를 기준으로 할 때 이더리움은 비트코인에 비해 3~4배가량 느리다. 특히 전 세계에서 가장 많은 금융 거래를 처리하는 비자카드와 비교하면, 이더리움이 1만 배가량 느리다.

따라서 탈중앙화에 대한 논의가 가장 먼저 진행되는 금융 업계에서도 블록체인 시스템이 자리 잡기 위해서는 더 많은 개선이 필요할 것으로 보인다. 거래 체결 속도 같은 문제가 해결되지 않으면, NFT 거래가 활성화되더라도 사용자들이 큰 불편을 겪을 수밖에 없기 때문이다.

거래 비용

NFT를 발행하거나 거래하기 위해서는 이더리움 플랫폼을 사용하는 데 대한 수수료를 지급해야 하는데, 이 수수료를 '가스비(gas fee)'라고 한다. 블록체인 시스템에서는 중앙화된 기관이 없고, 블록체인 네트워크 참여자들의 재원을 활용하여 정보를 저장한다. 이때 네트워크 참여에 대한 보상을 지급해야 플랫폼이 활성화되기 때문에 이더리움 플랫폼 이용자가 그들에게 비용을 지급하는 것이다.

특히 이더리움은 비트코인에서 스마트계약이 추가됐기 때문에

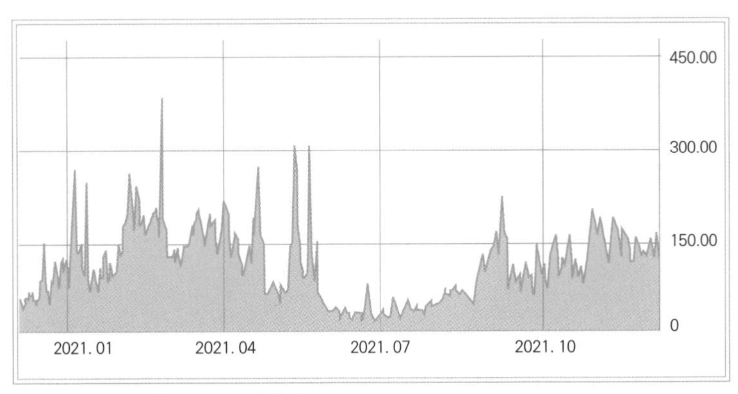

<그림 3-14> 이더리움 평균 가스비 추이

자료: ycharts.com

더 많은 연산을 필요로 한다. 따라서 NFT 발행 또는 거래 체결에 대한 비용도 높아질 수밖에 없다. 발행하고자 하는 NFT의 데이터 규모가 커지면 발생하는 수수료도 급격히 높아진다. 그뿐만이 아니라 가스비가 일정하지 않기 때문에 비용 관리도 쉽지 않다. 즉, 플랫폼 이용에 대한 비용의 크기와 불확실성 탓에 NFT 거래가 용이하게 이뤄지지 않을 수 있다.

저작권 문제

저작권 문제는 NFT에서 가장 중요하게 다뤄지는 이슈 중 하나다. NFT는 본질적으로 메타데이터이기 때문에 몇몇 플랫폼을 제외하면 디지털 이미지 또는 저작물 등을 NFT로 발행하는 과정에서

별다른 제약이 없다. 그래서 특정 저작물에 대해 저작권자가 아닌 사람이 NFT를 발행할 수 있고, 이때 문제가 복잡해진다.

대부분의 NFT 거래 플랫폼에서는 특정 작품을 NFT로 발행하고자 할 때 이미지도 함께 업로드할 것을 요구한다. 이때 타인의 저작물을 업로드하는 것은 복제권 침해에 해당하므로 이런 행위에 대한 처벌이 가능하다고 볼 수 있다. 그러나 처벌이 가능하다고 해서 NFT 생태계에 문제가 발생하지 않는 것은 아니다. 저작권자가 아닌 사람이 발행한 NFT를 타인이 구입했을 때, NFT 작품을 구입한 사람은 소유권을 주장하기 어려운 상황이 발생할 수 있다. NFT 구매자는 판매자가 저작권 보유자인지 아닌지를 사전에 확인할 방법이 없다. 특히 실물이 존재하는 예술품에 대해서는 논의가 더욱 복잡해진다.

최근 디지털 아트 통합 플랫폼 비트코인 NFT(Bitcoin NFT)에서 이중섭의 〈황소〉, 박수근의 〈두 아이와 두 엄마〉, 김환기의 〈무제〉가 NFT 작품으로 출품될 것이라는 소식이 전해졌다. 이와 동시에 위작과 저작권에 대한 논의가 본격적으로 점화됐으며, 실물이 있는 작품에 대한 NFT 예술품 거래의 모호성이 드러났다.

상황을 더 어렵게 만드는 것이 블록체인 기술이다. 블록체인 기술의 특성상 새로운 블록은 기존의 블록에 연결되어 추가된다. 그리고 NFT 발행 및 거래가 지속됨에 따라 새로운 블록들이 기존의 블록들과 정보를 공유하며 연결된다. 그러나 저작권자가 아닌 사람이 특정 저작물을 NFT로 발행할 경우, 블록체인 시스템의 특성상 이미 발행된 NFT를 발행 이전으로 되돌릴 수는 없다. NFT에 대한 정보가 분산화된 네트워크에 저장되어 있기 때문에 이전으로 되돌리려면 서로 연결된 기존의 블록들, 네트워크 참여자들의 동의가 동시에 이뤄져야 한다. 중앙화된 시스템에서는 관리자의 권한으로 간단히 해결할 수 있지만, 탈중앙화된 시스템이기에 그럴 수가 없는 것이다.

이와 같은 문제는 이더리움 시스템에서 NFT의 발행과 거래를 관리하는 플랫폼 기업들이 문제의 소지가 있는 일들을 사전에 차단할 수 있도록 엄밀한 검증 작업을 수행해야 함을 의미한다. 이 때문에 분산화된 시스템을 통해 신뢰를 검증하려는 노력에서 출발한 블록체인 시스템이 오히려 플랫폼을 집중적으로 관리할 중앙기관이 필요해지는 역설을 일으킨다는 비판도 대두된다.

법적 이슈

NFT는 메타버스 내 디지털 경제에서 가치를 저장하면서 거래가 가능한 자산 또는 결제 수단으로 쓰일 수 있기 때문에 디지털 경제 관련 법적 이슈의 적용을 받을 수밖에 없다. 현실에서의 경제와 같이 디지털 경제에서도 저작권, 상표권 등이 이슈화될 것이기 때문에 다양한 법적 이슈를 제대로 짚어봐야 한다.

디지털 경제 환경에서 NFT에 영향을 줄 수 있는 법적 이슈들은 다음과 같다.

창작물과 NFT의 저작권 보호

창작자가 아닌 사람이 현실에서의 작품을 이용해 NFT를 발행한다면 NFT의 소유권은 누구에게 있는가?

2021년 6월 국내 업체 워너비인터내셔널은 김환기의 전면점화 〈무제〉를 NFT로 제작해 경매에서 판매하려고 했다. 그러나 이 작품의 원본 저작권자인 환기미술관 측이 반발하면서 제동이 걸렸다. 해당 작품 이미지를 상업적으로 활용하려면 실물 소유권자뿐 아니라 저작권자의 동의도 구해야 하는데, 워너비인터내셔널은 그런 과정을 거치지 않은 것이다.

환기미술관 측은 "김환기 관련 상표권 및 지식재산권 일체를 보유한 기관으로서 NFT 제작 및 경매를 위한 저작권 사용을 그 어떤 기관에도 승인한 바 없다"라고 했다. 특히 이번 경매 출품작에 대해 "김환기 공식 아카이브에 등재되지 않은 작품"이라며 작품의 진위에도 의문을 제기했다. 이런 문제제기에 워너비인터내셔널은 경매를 중단하고 사과했다.

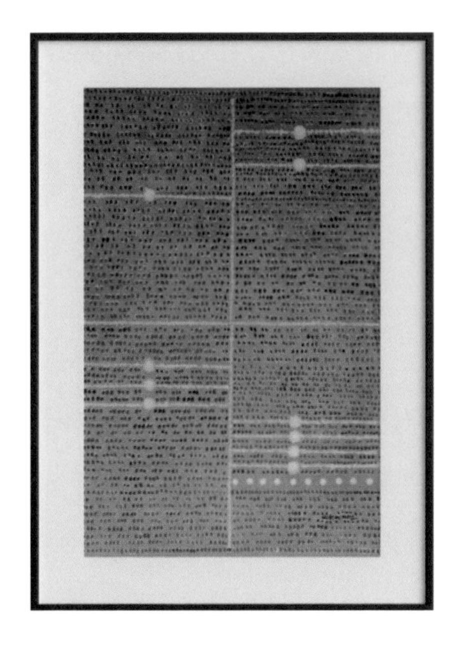

〈그림 3-15〉 김환기의 〈무제〉

이 그림은 NFT화되어 경매에 나올 뻔했다. 추진하던 회사의 이름이 워너비(Wannabe)인터내셔널인데, 'Wannabe'에는 '가짜이지만 진짜가 되고 싶은'이라는 뜻이 있다.

이 사건은 실물 작품 진위 및 저작권 분쟁이라는 NFT 미술 시장의 맹점을 드러낸 것으로 볼 수 있다.

창작물과 NFT의 귀속권

디지털 경제 내에서 만들어진 창작물은 이용자와 플랫폼 중 누가 소유하는가?

네이버에서 운영하는 제페토의 경우를 보자. 제페토 이용약관에는 제페토 메타버스 플랫폼에서 유저들이 만든 창작물의 저작권은 해당 유저에게 귀속되나, 그 창작물의 이용 및 서비스 제공은 운영자인 네이버 측이 해당 유저에게서 포괄적 라이선스를 부여받는다고 적혀 있다. 즉 제페토 내의 세상에서 만들어진 작품은 이용자가 소유하지만, 제페토 운영자가 이용 및 서비스 제공을 결정할 수 있다는 의미다.

예술 작품 또는 디지털 콘텐츠에 주로 활용되는 NFT라면 디지털 경제 플랫폼에서 제작되는 경우가 많을 것이다. 이용약관이 모두 다를 수 있기 때문에 창작자와 거래자, 수집가들은 NFT를 제작하거나 구매 · 판매할 때 플랫폼의 이용약관을 꼼꼼히 확인해야 한다. 또한 해당 플랫폼을 운영하는 회사가 속한 국가의 창작물 귀속권에 대한 규제 및 법에 대해서도 알아둬야 한다.

덧붙여, 적용 준거법 문제도 있다. 디지털 경제 환경은 국경을 넘나들 수 있기 때문에 어떤 국가의 법을 적용할지에 대한 논란의 여지가 있다.

디지털 경제 내 복제상품 상품권 침해

디지털 경제 플랫폼에서의 복제 또는 모방상품은 법적 제재가 가능한가?

기존에 이미 NFT에 저장돼 거래되고 있는 작품을 또다시 NFT로 만들어 판매하는 일도 비일비재하다. 이는 현실 경제에서는 명백한 불법이지만, NFT에 저장된 파일은 복제가 가능하기 때문에 확실히 판단할 수 있는 법적 근거가 아직은 부족하다.

그 밖의 문제

'디지털 경제 플랫폼에서 타인을 사칭하거나 권리를 도용하는 것과 같은 행위들은 법적 제재가 가능한가?'라는 부정 경제 행위 문제와 '가상경제에서 개인정보의 제공 · 공유 시점을 어떻게 확인하고 보호할 것인가?'라는 개인정보보호 문제가 있다.

보안 문제

2021년 3월 15일, 해커들이 디지털 예술품 거래 플랫폼 기업 니프티게이트웨이를 해킹하여 수십만 달러 가치의 NFT를 훔쳤다. 보안과 투명성을 강점으로 내세운 NFT가 해커들의 공격에 취약하다니, 참으로 아이러니하다.

엄밀히 말하면, NFT를 관리하는 블록체인 시스템이 해킹을 당한 것은 아니다. 해커들이 침투한 곳은 니프티게이트웨이의 고객 계정으로, 이중 보안을 설정하지 않은 서비스 이용자들만 피해를 봤다. 어찌 됐든 보안 문제도 NFT와 관련하여 지속적으로 언급되는 쟁점 중 하나다.

NFT는 블록체인, 스토리지 그리고 웹 애플리케이션을 결합한 기술이다. 각각의 기술 영역이 해커들의 공격 대상이 될 수 있으며, 이는 시스템 전체를 취약하게 만들 수 있다. 따라서 시스템의 안전을 위해 잠재적 보안 문제를 점검하는 것이 중요하다. 발생할 수 있는 위협을 사전에 모델링하여 안정성을 높이는 방법 중 하나로 '스트라이드 테스트(STRIDE Test)'를 이용하기도 한다.

스트라이드 테스트란 마이크로소프트에서 개발한 보안 위협

위협의 종류	위협에 따른 결과	대처 방안	NFT 시스템에 대한 적용 방안
Spoofing (위장)	거짓된 권한을 이용한 시스템 접근 권한 획득	Authentication (인증)	콜드 월렛, 2차 인증 도입
Tampering (데이터 변조)	불법적으로 데이터 수정	Integrity (무결성 검증)	거래 시 NFT 해시 데이터와 원본 데이터를 함께 전송
Repudiation (부인)	사용자가 수행하는 작업 부인	Non-repudiation (부인 봉쇄, 데이터의 무결함과 출처 증명)	블록체인 기반의 다중 서명 계약 활용
Information Disclosure (정보 유출)	개인정보 유출	Confidentiality (기밀성 검증)	스마트계약에서 중요 정보는 접근성에 제한을 두는 방식으로 전환
Denial of Service (서비스 거부)	시스템 또는 애플리케이션이 작동하지 않도록 함	Availability (가용성 검증)	Weak consensus 알고리즘을 연계한 하이브리드 블록체인 시스템 활용
Elevation of Privilege (권한 상승)	제한된 권한을 가진 사용자가 다른 사용자의 권한 획득	Authorization (권한 부여 검증)	NFT에 적용되는 스마트계약 프로세스에 대한 주기적인 검토와 업데이트가 요구됨

〈표 3-2〉 NFT 보안성 평가 스트라이드 테스트

모델링 방법으로 위장(spoofing), 데이터 변조(tampering), 이행 거부(repudiation), 정보 유출(information disclosure), 서비스 거부(denial of service), 권한 상승(elevation of privilege)과 같은 잠재적 위협을 식별하고 대응 방안을 탐색하는 보안성 평가다. 현재 스트라이드 테스트를 NFT 시스템에 적용한 결과 시스템 안전성을 강화하는 방안들로 콜드 월렛(cold wallet, 오프라인에 보관하는 디지털 지갑), 2차 인증 도입, 중요 정보에 대한 접근성 제한, 하이브리드 블록체인 등이 도출됐다.

09

결국 NFT는 무엇일까?

결국 돌고 돌아 이 질문을 다시 던지게 된다. NFT에 쓰이는 기술, NFT가 현재 어떻게 사용되고 있는지, NFT에는 어떤 특성이 있는지를 알았으니 이제는 당연히 NFT의 본질이 무엇인지가 궁금해졌을 것이다.

NFT의 기술적 특성

NFT는 블록체인 기술을 기반으로 하는 이더리움과 사실상 동일한 기술을 사용한다. 이더리움 플랫폼상에서 발행하는 코인들을 개별적으로 분류할 수 있게 만들어놓았지만, 결국 본질은 이더리움이다.

NFT는 블록체인 기술을 기반으로 하는 토큰이기 때문에 블록체인의 많은 특성을 그대로 계승한다. 그렇게 본다면 기술적인 측면에서 NFT는 가상자산으로 분류되어야 하지 않을까? 이렇게 생각하기에는 뭔가 찜찜하다. 앞서 나는 NFT가 사회현상이기 때문에 토큰에 저장되어 있는 물건이 더 중요하다고 이야기했다. 그냥 기술적인 부분만을 보고 NFT를 가상자산으로 분류하려고 하니 중요한 무언가를 놓치는 느낌이다.

NFT의 법적 정의

일단 NFT를 가상자산으로 볼 것인지 아닌지를 결정하기 위해서는 가상자산의 법적 정의를 알아야 한다.

가상자산의 법적 정의

특정금융정보법 제2조 제3항에서는 다음과 같이 가상자산을 특정한다.

"가상자산"이란 경제적 가치를 지닌 것으로서 전자적으로 거래 또는 이전될 수 있는 전자적 증표(그에 관한 일체의 권리를 포함한다)를 말한다. 다만, 다음 각목의 어느 하나에 해당하는 것은 제외한다.

가. 화폐·재화·용역 등으로 교환될 수 없는 전자적 증표 또는 그 증표에 관한 정보로서 발행인이 사용처와 그 용도를 제한한 것
나. 「게임산업진흥에 관한 법률」 제32조 제1항 제7호에 따른 게임물의 이용을 통해 획득한 유·무형의 결과물
다. 「전자금융거래법」 제2조 제14호에 따른 선불전자지급 수단 및 같은 조 제15호에 따른 전자화폐
라. 「주식·사채 등의 전자등록에 관한 법률」 제2조 제4호에 따른 전자등록 주식 등
마. 「전자어음의 발행 및 유통에 관한 법률」 제2조 제2호에 따른 전자어음
바. 「상법」 제862조에 따른 전자선하증권
사. 거래의 형태와 특성을 고려하여 대통령령으로 정하는 것

쉽게 말해 가상자산이 되기 위해서는 경제적 가치를 지니고, 전자적으로 거래 또는 이전이 가능해야 하며, 전자적 증표여야 한다. 특정금융정보법이 발의될 때도 많은 논의가 있었지만, 여기서 '경제적 가치'의 범위가 너무 넓게 해석되면 안 된다. '경제적 가치'가 넓게 해석될 경우 제2조 제3항에 따라 모든 전자파일이 가상자산으로 분류될 수 있기 때문이다.

일단 NFT가 경제적 가치를 지니고, 전자적으로 거래 또는 이전이 가능한 전자적 증표인 것은 맞다. 다만 NFT는 스마트계약을

통해 NFT를 발행하는 사람이 그 용도를 미리 지정할 수 있기 때문에 제2조 제3항 가목에 해당할 가능성이 있다. 물론 지정하지 않았다면 가목에 해당하지는 않을 수도 있다. NFT는 게임에서도 이용된다. 그러다 보니 만약 게임에서 획득한 NFT라면, 나목에 포함될 수도 있다.

특정금융정보법 제2조 제3항에 제시되어 있는 가상자산의 범위를 보면 스마트계약에 그 용도를 미리 지정하지 않았고 게임에서 획득하지 않은 NFT는 가상자산으로 볼 수 있을 것 같다. 그렇다면 외국 상황은 어떨까?

외국에서는 NFT를 무엇으로 볼까?

자금세탁방지국제기구의 관점

자금세탁방지국제기구(Financial action Task Force, FATF)는 다음과 같이 보고 있다.

> "유일하여 대체할 수 없고 투자나 결제 수단이 아닌 수집품으로 사실상 사용되는 디지털 자산은 NFT 또는 가상 수집품이라고 부를 수 있다. 이런 자산은 자산의 성격에 따라 FATF의 정의상 가상자산으로 분류되지 않는다. 그러나 특정 NFT가 가상자산인

지 아닌지를 따질 때는 해당 NFT가 사용하는 용어나 마케팅 방식이 아니라 해당 NFT의 현실적인 기능을 고려해야 한다."

일단 FAFT는 NFT를 일반적으로는 가상자산으로 분류하지 않겠다고 이야기했다. 그런데 조금 모호한 것 같다. 분명 기술적으로는 가상자산에 부합하지만, '현실에서의 용도가 가상 수집품에 더 가깝기 때문에 거래나 투자의 용도로 쓰이는 가상자산과는 다르다'라는 게 FAFT의 관점이다.

미국 증권거래위원회의 관점

그럼 NFT는 증권일까? 여기에 대해 미국의 증권 시장을 규제하고 감독하는 기구인 증권거래위원회(Securities and Exchange Commission, SEC)는 다음과 같이 이야기한다.

"SEC에서는 아직 NFT에 대한 어떤 지침 또는 가이드도 제시한 적이 없다. 이와 함께 NFT 제작자나 NFT 제작 및 거래 플랫폼에 대해 어떤 형태의 강제력도 행사한 사실이 없고, 증권성 여부는 아직 판단하지 않아 불분명하다. SEC에서는 NFT가 언제 증권으로 고려될지에 대해 어떤 가이드도 제시하지 않았지만 SEC 구성원들은 하위 테스트(Howey test, 미국 대법원에서 네 가지 기준에 해당할 경우 투자로 보아 증권법을 적용하도록 하는 테스트)에 따라 NFT의 구매자가 NFT를 구매할 때 충분한 재무적 수익에 대한 기대감을 가지고 있었는지가 핵심 쟁점이라는 것을 인지하고 있다."

SEC는 NFT를 구매할 때 구매자가 NFT로부터 훗날 재무적 이익(가격 상승, 현금흐름 등)을 취득할 수 있다는 합리적 기대를 했는지가 가장 중요하다고 이야기한다. SEC의 입장을 정리해보면 다음과 같다.

"만약 NFT가 수집품으로서 NFT에 저장된 작품의 진위성만을 블록체인으로 보장받는다면, 증권에 해당하지 않는다. 그러나 만약 NFT를 판매하고 구매하는 사람들이 NFT의 미래 가격이 오를 것으로 기대하여 판매하거나 구매하는 것이라면, 증권에 해당한다. 자산을 분할하여 판매 또는 구매하는 행위에 이용되는 NFT는 다른 NFT에 비해 증권으로 간주될 가능성이 크다."

소송에 휘말린 대퍼랩스: 증권이냐, 아니냐가 쟁점

앞서 언급했듯이, 대퍼랩스는 크립토키티라는 게임을 개발한 캐나다의 블록체인 스타트업이다. 2020년 10월부터 대퍼랩스는

NBA와 제휴하여 NBA 톱샷(덩크슛이나 결승샷 같은 하이라이트 영상의 디지털 파일을 거래할 수 있는 블록체인 기반 플랫폼)을 베타 서비스 형태로 제공하고 있다. NBA 톱샷 서비스를 통해 개인이 농구 게임의 하이라이트 디지털 영상을 NFT 형태로 구매하면 블록체인에 그 영상의 소유권을 등록해준다.

NBA 톱샷은 서비스를 시작한 지 5개월 만에 80만 명 이상의 이용자를 유치하고 5억 달러 규모의 영상이 거래되는 등 폭발적인 인기를 끌었다. 2021년 2월에는 르브론 제임스(LeBron James)의 하이라이트 영상이 20만 달러에 거래되기도 했다. 이런 인기에 힘입어 대퍼랩스는 2021년 3월 30일 3,400억 원의 투자를 받았다. 마이클 조던(Michael Jordan), 케빈 듀란트(Kevin Durant), 클레이 톰슨(Klay Thompson) 등의 NBA 슈퍼스타들과 애슈턴 커처(Ashton Kutcher), 윌 스미스(Will Smith) 등의 유명 영화배우들이 이 투자에 참여했다고 밝혔다.

그런데 이 회사가 고소에 휘말렸다. NBA 톱샷의 고객 중 한 사람이 대퍼랩스를 무등록 증권 매도 혐의로 고소한 것이다. 고소자인 지운 프리엘(Jeuun Friel)은 2021년 5월 대퍼랩스가 미등록 증권을 '토큰화된 NBA 하이라이트 수집품의 형태'로 판매했다는 내용으로 소장을 접수했다. 이에 더해 프리엘은 NBA 톱샷이 플랫폼상에서 디지털 형태의 NFT에 저장된 하이라이트 영상들의 가

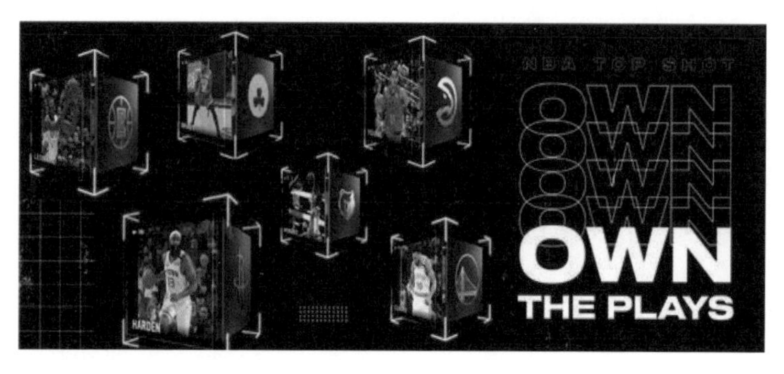

〈그림 3-16〉 NBA 톱샷 포스터

'Own the plays'라는 말이 인상 깊다. 게임 영상은 과연 '소유'할 수 있는 것인가? 이미 우리는 클럽재에 대해 알아보며 '소유'의 의미를 짚어봤다.

자료: onflow.org

격을 인위적으로 뒷받침하기 위해 고객들이 플랫폼에서 자금을 인출하는 것을 몇 달 동안이나 막았다고 주장했다. 실제로 2021년 4월 CNN에는 "NBA 톱샷 고객들은 돈을 빼낼 수 없어 당황했다"라는 기사가 실렸다.

이 소송에서는 SEC가 언급했듯이 하위 테스트 결과에 따라 증권으로 간주될지 어떨지가 결정될 것으로 보인다. SEC는 투자 계약은 훗날 재무적 이익(가격 상승, 현금흐름 등)을 취득할 수 있다는 합리적 기대를 가지고 돈을 투자했을 때 존재한다고 언급했다.

그러므로 대퍼랩스가 소송에서 이기기 위해서는 'NFT를 투자 자산으로 홍보하지 않았다'라고 법원을 확신시켜야 한다. 이미 대퍼랩스는 이용약관을 통해 '(Users) are using NFTs primarily as objects of paly and not for investment or speculative purposes[(수집가들이) NFT를 주로 투자나 투기 목적이 아닌 놀이의 대상으로 사용하고 있다]'라는 항목에 동의하도록 해놓았다.

그러나 우리도 다 알지 않는가? 왜 NFT를 사는지 구매자들에게 물어보면 10명 중 9명은 이후에 가격이 오를 것으로 생각해서라고 답할 것이다. 프리엘 또한 대퍼랩스가 플랫폼의 재무적 성공을 과장하는 마케팅을 통해 자신들이 판매하는 NFT는 투자 가치가 높고, 고액에 팔리는 일부 NFT에 대한 희소성과 함께 '수익을 기대'하도록 이용자들을 이끌었다고 주장했다.

이런 정황들을 고려하면 현재 NFT는 증권으로 쓰이고 있다고 할 수 있다. 대부분의 NFT 구매자는 그 작품이 너무나도 가지고 싶어서 구매한다기보다는 미래에 가치가 오를 것으로 기대하고 구매하기 때문이다.

NFT

NON
FUNGIBLE
TOKEN

CHAPTER

4

NFT를 어디에 쓸 수 있을까?

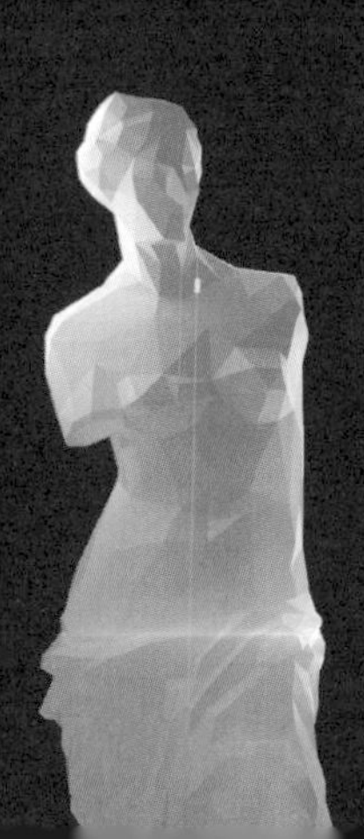

01
새로운 시장을 만들어내는 도구로서의 NFT

우리가 사는 세계는 디지털로 이동하고 있다. 그냥 단순하게 우리가 사는 세계를 디지털화해서 디지털 세계로 옮겨놓는 것이 아니라 그 과정에서 우리 삶의 방식 또한 영향을 받아 변화한다. 현실과 디지털 양방향의 변화를 디지털 트랜스포메이션이라고 부른다. 디지털 트랜스포메이션은 1990년대부터 천천히 우리 삶을 변화시켜 왔다. 그러다가 코로나19 팬데믹으로 2022년 현재 인류는 급격히 빨라진 디지털 트랜스포메이션을 마주하게 됐다.

가속화된 디지털 트랜스포메이션은 인류를 디지털 경제 환경에 갑작스럽게 노출시켰고, 메타버스와 디지털 자산을 큰 축으로 하는 디지털 경제 환경은 금융 산업과 문화예술 산업을 포함하여 다양한 산업의 디지털 대전환을 가져왔다. 이런 디지털 환경 내에서 문화예술 자산을 저장하고 거래하고 수집하며 투자할 수 있게 해주는 블록체인 기반 토큰 발행 기술인 NFT가 주목받기 시작했다.

앞서 강조했듯이 NFT는 블록체인 기술을 활용한 디지털 자산이지만, 그 활용 방식에 대해서는 사회현상 측면에서 이해하고 접근해야 한다. NFT가 어디에 활용될 수 있는지를 알기 위해서는 NFT가 이용되는 가상경제의 기반을 뜻하는 토큰 이코노미를 이해해야 한다. 지금부터 토큰 이코노미, 디지털 소유권의 활용, NFT 활용으로 변화하고 있는 각종 콘텐츠 산업에 대해 논의하고자 한다.

NFT, 새로운 시장을 개척하다

NFT는 디지털 자산을 거래할 수 있는 시장 구조를 근본적으로 바꾸었다고 볼 수 있다. 지금까지는 디지털 예술품의 소유권자와 데스크톱에 저장된 복사본을 보유한 사람을 명확하게 구분할 방법이 존재하지 않았다. 재산권에 대한 명확한 구분이 없다면, 시장은 기능할 수 없다. 누군가가 물품을 구매하기 이전에 물품에 대한 판매 권한을 가진 사람이 누구인지 명확하게 규정되어야 한다.

고객이 물건을 구입한다는 것은 판매자가 소유권을 이전한다는 의미다. NFT는 애초에 자산 보유자의 소유권을 증명할 수 있도록 만들어지기에 디지털 자산의 근본적인 문제를 해결해줄 수 있다. 이로 인해 시장은 새로운 형태의 거래를 만들어냈고, 이전에는 팔 수 없었던 물건을 팔 기회도 만들어낼 수 있었다.

'대체 불가능 토큰'이라는 이름에서 알 수 있듯이, 각각의 NFT는 고유의 디지털 아이템이다. 그 각각에 같은 정보가 저장될 수는 있겠지만, NFT로 이뤄진 각각의 디지털 아이템은 디지털적으로 서로 다르기 때문에 구별될 수 있다.

NFT는 블록체인에 기록이 남겨지므로 특정 NFT를 누가 소유하고 있는지 언제든 증명할 수 있고, 거래 이력을 추적할 수 있다. 게다가 은행이 계좌 간에 돈을 송금할 수 있는 것처럼 다른 사람에게 NFT를 쉽게 전송할 수 있고, 위조하기가 어렵다. NFT 소유권은 인증과 전송이 용이하기 때문에 이 특성을 활용해 다양한 형태의 시장을 고안해낼 수 있다.

NFT 활용의 확장성

NFT가 꼭 디지털 자산의 거래에만 활용되는 것은 아니다. NFT에 활용된 블록체인 기술은 프로그래밍이 가능하기 때문에 업데이트를 통해 활용 범위를 더욱 넓힐 수 있다. 블록체인 기술의 발전으로 NFT 보유자에게 직접적인 효용을 제공하는 기능도 부여할 수 있다. 다시 말해, NFT는 디지털 공간과 물리적 공간 모두에서 작업을 수행하는 데 기여할 가능성이 크다.

이런 의미에서 NFT는 멤버십 카드 또는 티켓과 같은 기능을 수행할 수 있다. 이벤트나 한정 상품 및 특별 할인 서비스를 제공할 수 있을 뿐만 아니라, NFT 소유자들이 참여할 수 있는 온라인 공간의 디지털 입장권 역할도 할 수 있다. 게다가 블록체인에 연결된 정보는 공개적이기 때문에 특정 NFT 소유자에게 직접 추가로 상품이나 물건을 보낼 수도 있다. 이 모든 것은 NFT 보유자들에게 단순한 소유권 이상을 의미하며, NFT를 활용해 소정의 목적을 달성하기 위한 커뮤니티를 구축하고 새로운 상호작용 공간을 만들어는 데 큰 이점이 된다.

NFT 보유자는 투자자, 한 집단의 구성원, 브랜드 소유자, 특정 프로그램 참여자 등 다양한 의미를 가질 수 있다. 또한 프로그래밍 언어로 구현된 NFT 생태계는 기술의 발전에 따라 새로운 비즈니스 모델 및 기회들을 만들어낼 수 있다. 예를 들면, NFT가 재판매될 때마다 최초 발행자도 수익을 얻을 권한을 보유할 수 있다.

이와 같은 NFT의 특성은 NFT 기반 시장이 여타 가상자산들의 시장보다 더 많은 참여 유인을 제공할 수 있고, 더 많은 이용자 기반을 확보할 수 있음을 의미한다. NFT 자체만으로 가치를 창출할 수 있을 뿐 아니라 다양한 이용자를 확보함으로써 각종 커뮤니티 활동을 활성화하고, NFT 기반 시장의 효율성도 높일 수 있다. 한마디로, NFT의 활용 가능성은 무궁무진하다고 이야기할 수 있다.

02

NFT로 성공적인 비즈니스를 하는 방법

아마도 지금쯤이면 당신의 머릿속에선 이런 궁금증이 맴돌 것이다.

'그래서 이걸로 어떻게 하면 돈을 벌 수 있을까?'

NFT에 대해 충분한 배경지식을 쌓은 지금이 바로 NFT로 성공적인 비즈니스를 하는 방법을 알아볼 적기다.

NFT를 이용하여 비즈니스를 하려는 사람은 한 가지 사실을 꼭 명심해야 한다. 'NFT를 이용하여'보다 '비즈니스'가 더 중요하다는 점이다. 'NFT를 이용한 비즈니스'는 비즈니스를 하는 것이지 NFT 기술을 익히는 것이 아니다. 블록체인을 이용한 비즈니스를 하는 사람들이 자신들을 기술자라고 생각하는 오류를 NFT를 이용한 비즈니스를 하는 사람들도 똑같이 범할 수 있다. 당신은 기술자가 아니라 비즈니스를 하는 사람이다.

다른 모든 사업과 마찬가지로, NFT 프로젝트는 당연히 실제 시장의 수요에 맞춰 설계되어야 한다. 그러나 NFT는 디지털 자산 중에서도 저작권과 보유 이력이 중요한, 원본성을 유지할 필요가 있고 거래될 수 있고 디지털로 만들어질 수 있는 자산에 유효하다. 이 특성에 주의해야 성공적인 비즈니스를 할 수 있다.

신생 기업들은 NFT 기술을 의미 있게 활용할 방안을 제시해야 한다

초기 NFT 프로젝트 대부분은 디지털 자산의 재산권 관리에 착안하여 서비스를 제공하고자 했다. NFT 기술 자체가 가장 직접적으로 활용될 수 있는 분야가 고유한 ID 부여를 통한 '원본 인증'이기 때문이다. 커뮤니티의 구성원에게 NFT를 제공하고 월렛에 보관한 NFT를 활용해 자격을 증명할 수 있게 하는 것도 자연스럽게 귀결될 수 있는 NFT 기술 활용 방식이다.

그렇지만 미술품이나 우표 등 실물 컬렉션을 구성하는 것과 같이 디지털 소유물에 대한 컬렉션을 구축하고자 하는 동기가 없다면 NFT가 의미를 갖기는 어렵다. 현재 부동산 소유권이 그렇듯이, 아마도 너무 무거워서 옮길 수 없거나 사용권에 대한 권리만 을 이전하기 위해 NFT 기술을 활용하는 등 쓰임새가 제한적일 것이다. 결국 NFT가 진정으로 활용되기 위해서는 디지털 경제 환경인 토큰 이코노미가 구현돼야 한다는 의미다.

NFT도 사용자 커뮤니티를 활용해야 한다

다른 신제품과 마찬가지로 초기 이용자들은 특정 제품 및 기술에 대한 전도사 역할을 함과 동시에 적절한 피드백을 제공한다. NFT에서는 얼리어답터들의 역할이 더욱 중요하다. 새로운 자산이라는 점에서 NFT를 먼저 받아들인 사람들이 NFT에 부여한 의미가 다른 사람들의 시각에 매우 강력한 영향을 미치기 때문이다.

NFT에 대한 견해를 공유하고 활발한 논쟁을 펼칠 수 있는 커뮤니티가 활성화되지 못하면, 대중은 금세 흥미를 잃을 것이고, NFT 생태계도 무너지고 만다. 각종 NFT 프로젝트가 사람들에게 명확한 가치를 제안하지 못하면 관련된 커뮤니티를 활성화할 수 없게 된다. NFT 프로젝트도 결국에는 블록체인 생태계이기 때문에 이용자와 커뮤니티 기반이 부실하면 가치를 상실하게 된다.

고객들의 확신을 유지하려면 소통이 중요하다

커뮤니티들의 참여를 유지하기 위해 NFT 프로젝트팀은 자신들의 프로젝트 진행 과정을 공유하고 지속할 것이라는 확신을 보내야 한다.

가상자산 커뮤니티의 참여자들은 대부분 익명으로 활동한다. 이는 가상자산을 기반으로 한 프로젝트에서 사소한 결함이 발견되는 것만으로도 단번에 신뢰를 상실할 수 있음을 의미한다. 이와 같은 잠재적 위기는 실현 가능한 프로젝트조차 지속할 수 없게 하는 원인이 될 수 있다. 따라서 프로젝트의 의도와 진행 상황을 투명하게 공개하고, 커뮤니티와 지속적으로 소통함으로써 피드백을 반영하고 있다는 신호를 명확하게 보내야 한다. 그래서 많은 NFT 프로젝트가 커뮤니티와의 지속적인 상호작용을 위해 '커뮤니티 콜'을 자주 활용한다.

NFT 프로젝트는 특정 기업의 브랜드나 기관들의 지원에 힘입어 자신들이 진행하는 프로젝트의 가치를 홍보할 수 있다. 예를 들면, 인기 있는 음악가들의 공연 티켓을 판매할 때 NFT 기술을 활용하는 것이다. 음악가들의 명성을 활용함으로써 프로젝트 홍보 효과를 높일 수 있으며, 동시에 NFT 기술 및 프로젝트에 대한 친밀성도 높일 수 있다. 특별한 목적이나 결합된 가치를 통해

NFT 프로젝트를 진행함으로써 많은 사람의 참여를 끌어내는 것도 중요하다.

NFT 프로젝트에서는 새로운 이용자들을 끌어들이는 노력이 필요하다

NFT 또한 가상자산 업계가 마주한 과제들을 마찬가지로 안고 있다. 대표적인 과제 중 하나가 사용자 친화성이다. 기본적으로 월렛과 같은 중간 소프트웨어를 활성화해야 하며, NFT 마켓 플레이스와 가상자산 거래소에 대한 개념도 폭넓게 이해시켜야 한다. 이는 신규 이용자들이 NFT 생태계에 진입하는 데 어려움을 겪는 기술적 요소인데, 복잡한 프로세스를 이해하지 않고도 NFT 기술을 활용할 수 있도록 사용자 환경을 구축할 필요가 있다.

NBA 톱샷은 NFT 시장에서 이뤄지는 기본적인 메커니즘 대부분을 자체적으로 변경해 NFT 거래가 용이하도록 만들었다. 톱샷의 소비자들은 가상자산 거래소를 거치지 않고도 NFT를 거래할 수 있으며, 신용카드로 간편하게 결제할 수 있다. 이는 NBA 톱샷이 고객을 빠르게 유치할 수 있는 경쟁력 중 하나였다. 이후 다른 NFT 프로젝트에서도 사용자 환경을 개선하고, 이용자들이 NFT 발행 및 거래에 대한 프로세스를 쉽게 이용할 수 있도록 안내하는 인력을 고용하기 시작했다.

NFT 시장은 가상자산 시장의 불확실성도 고려해야 한다

가상자산 시장은 기본적으로 변동성이 매우 높은 시장이며, 규제에 대한 논의도 끝을 맺지 못했다. 이와 같은 요인들이 시장의 불확실성을 높이고 있으며, 매력도를 떨어뜨림과 동시에 신규 이용자들의 참여 동기도 끌어내리고 있다. 이는 NFT 시장에 대한 수요를 위축시킬 수 있으며, NFT 관련 커뮤니티의 구축 및 활성화에도 걸림돌이 된다.

03
토큰과 코인, 토큰 이코노미

성공적인 NFT 비즈니스를 위한 방법들을 보다 보면 익숙하지 않은 개념들이 튀어나오기 일쑤다. 예컨대 토큰 이코노미, 코인, 탈중앙화된 자율조직(Decentralized Autonomous Organization, DAO), 디지털 소유권 등이 그렇다. 그래서 이 개념들을 먼저 설명하려 한다.

토큰 이코노미란

토큰 이코노미란 특정한 행동을 유도하기 위해 토큰을 보상으로 제공하고, 보상받은 토큰으로 유 · 무형의 가치를 제공받을 수 있게 하는 시스템을 의미한다. 다시 말해, 사람들의 특정 행동에 대

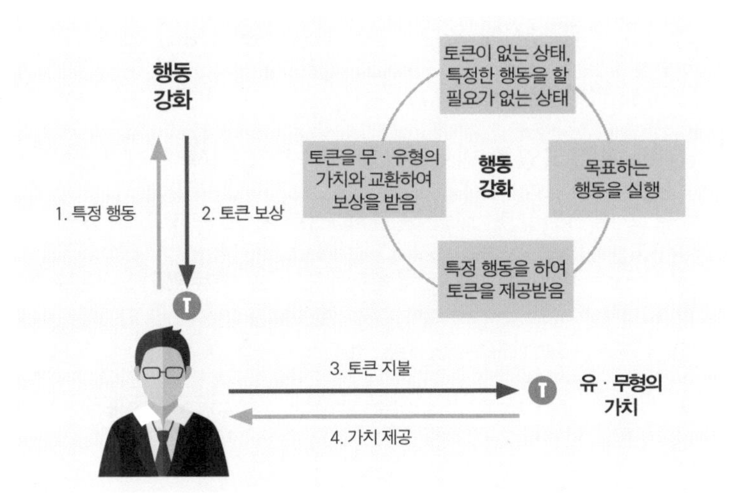

〈그림 4-1〉 토큰 이코노미 도식화

자료: brunch.co.kr/jeffpaik/53

한 동기를 강화하고 참여를 이끌어내기 위한 생태계다. 참여자 모두에게 참여도에 따라 적절한 보상이 돌아가도록 구조를 설계하는 것이 중요한데, 그래야 목적 달성을 위한 행동을 지속적으로 강화할 수 있고 생태계도 지속 가능해지기 때문이다.

지속 가능한 생태계 구축

블록체인에서 토큰 이코노미가 지속적으로 언급되는 것도 지속 가능한 생태계 구축이 중요하기 때문이다. 블록체인 시스템에서 토큰 이코노미란 코인 또는 토큰을 활용해 시스템 참여를 유도하고 보상을 함과 동시에 분산원장을 활용한 탈중앙화 체계를 달성하는 것을 의미한다.

일례로 비트코인은 네트워크를 지속하기 위해 일정 시간마다 네트워크 참여자들이 채굴을 통해 거래를 기록하며, 채굴에 대한 보상으로 비트코인을 지급한다. 그리고 비트코인을 다른 재화나 서비스를 구입하는 데 활용할 수 있도록 한다. 실제로, 2010년에 매장에서 비트코인이 사용됐는데, 라스즐로 핸예츠(Laszlo Hanyecz)라는 프로그래머가 1만 비트코인으로 피자 2판을 구매한 것이 최초의 기록이다.

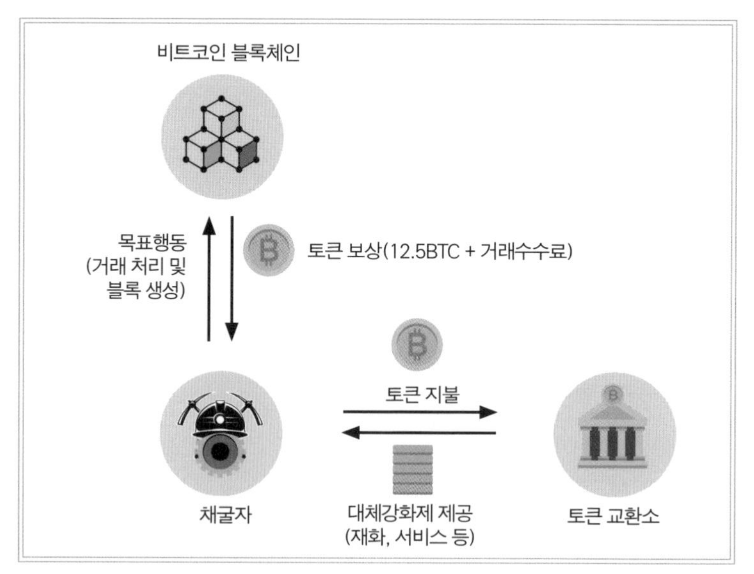

〈그림 4-2〉 비트코인의 토큰 이코노미 구상도

자료: SPRi(소프트웨어정책연구소)

코인 VS. 토큰

많은 사람이 코인과 토큰을 비슷하거나 같은 개념으로 이해하며, 종종 혼용하기도 한다. 둘 다 블록체인 기술을 기반으로 하는 디지털 자산이기 때문이다. 그러나 둘은 다르다.

코인은 다른 플랫폼에 종속되지 않고 자체 메인넷을 가지고 독립적인 생태계를 구성하는 가상자산을 말한다. 이더리움, 이오스 등 모든 플랫폼 코인이 여기에 해당한다. 플랫폼 코인이 아니더라도, 비트코인이나 리플처럼 다른 플랫폼에 종속되지 않은 독립적인 가상자산도 코인이라고 부른다. 이에 비해 토큰은 다른 플랫폼 코인 위에서 개별적인 목적을 달성하기 위해 사용하는 가상자산을 말한다. 토큰은 자체적인 메인넷이 없으며, 다른 플랫폼 기반 위에서 작동한다.

그래서 디지털 경제 환경의 결제 방식으로 토큰 이코노미가 사용될 수 있다고 이야기하지 코인 이코노미가 사용될 수 있다고 이야기하진 않는다. 디지털 경제는 수많은 호환 가능한 플랫폼이 상호작용하면서 이뤄지기 때문이다. 마치 서로 다른 규제와 결제 방식을 가진 세계 각국의 경제가 모여 세계 경제를 이루듯이 말이다.

발행 방식에 따른 분류

토큰 이코노미가 기반을 잡으면 디지털 공간에서 탈중앙화된 자율조직을 구축할 수 있다. 그러면 중앙중개기관의 개입 없이 개인 간에 신뢰성 있는 네트워크를 구축하고, 이 네트워크를 자체적으로 유지할 수 있다. 토큰 이코노미를 구현하는 한 가지 예가 ICO(Initial Coin Offering)다.

ICO란 새로운 가상자산을 발행해 불특정 다수로부터 투자금을 조달하는 방법이다. 개발자들이 자신들의 프로젝트에 대한 사업계획서를 올리고 ICO를 통해 블록체인 플랫폼을 개발하거나 확장하기 위한 연구개발비를 마련한다. 투자금을 지급한 사람들은 ICO 참여에 대한 대가로 가상자산을 지급받으며, 가상자산의 종류와 프로젝트에 따라 지급받은 가상자산의 쓰임새는 달라진다.

프로젝트팀이 가상자산을 발행하고 가상자산 거래소가 위탁판매 계약을 통해 해당 가상자산을 대신 매각해주는 경우도 있는데, 이를 IEO(Initial Exchange Offering)라고 한다. 또 프로젝트팀이 발행하는 토큰에 이익청구권이 부여돼 있는 경우도 있다. 이런 코인 발행은 사실상 증권 발행에 가깝기 때문에 ICO라고 하지 않고, STO(Security Token Offering)라고 한다.

구분	실물경제	토큰		
	IPO	ICO	IEO	STO
발행 대상	주식	토큰 또는 코인		토큰 (증권의 성격)
실물 비교	기업의 자산 실적 등 조건부 증권 발행	구체적 실물 없음	백서, 아이디어의 최소 기능만 구현	증권, 부동산 등 실물자산 평가 후 증권 발행
발행 및 운영	증권사 개입	기업·재단 운영	거래소 운영	증권 규제 준수
거래 방식	현금	가상화폐	거래소의 토큰 배포 및 판매	거래 불가능

〈표 4-1〉 발행 방식 비교: IPO, ICO, IEO, STO

자료: 한국인터넷진흥원, 〈NFT 기술의 이해와 활용, 한계점 분석〉, 2021. VOL.03

04
디지털 소유권의 활용

코로나19 발생과 창작물의 디지털화

코로나19로 전 세계적인 팬데믹이 발생하자 각국 정부는 국경을 걸어 잠그기 시작했다. 경제활동 또한 비대면을 중심으로 전환되면서 우리는 디지털 세계에서 일상을 누리기 시작했다. 줌(Zoom), 웨벡스(Webex) 같은 애플리케이션을 활용하는 비대면 화상회의가 일상적인 업무 형태로 자리 잡았다. 각종 이벤트, 콘퍼런스, 콘서트 등 수많은 상호작용이 온라인 중심으로 이뤄졌다.

코로나19로 인한 상호작용의 변화는 디지털 기술의 발전을 촉진했다. 주요 기업 및 정부는 비대면 중심의 경제활동 인프라를 구축하기 위해 디지털 부문에 대규모 투자를 감행했다. 이런 세계적 움직임은 현실에 기반을 둔 온라인 상호작용 플랫폼 기업들이 쉽게 투자를 받아낼 수 있는 환경을 조성했다. 기업들은 조달한 투자금을 기반으로 디지털 환경에서 몰입도 높은 사용자 경험을 제공할 수 있었는데, 이는 현실을 기반으로 한 가상 공간 '메타버스' 개념이 폭발적인 인기를 누리는 계기가 됐다. 이런 흐름 속에서 페이스북은 사명을 '메타'로 바꾸고 '세상 사람들을 모두 연결하겠다'라며 '메타버스 퍼스트(Metaverse First)'를 선언했다.

창작물 또한 자연스럽게 디지털의 세계로 옮겨갔다. 수많은 작가가 디지털 세계에서 작품 활동을 하고 있다. 넷플릭스, 왓챠(Watcha), 디즈니(Disney) 등의 OTT 업체들은 디지털 콘텐츠를 유통하며 실적과 주가에 날개를 달았다. 바야흐로 디지털 문화예술 콘텐츠의 시대가 온 것이다.

디지털 창작물의 문제 해결을 위한 NFT의 활용

디지털 창작물은 복제가 쉽고 해킹에 취약하다는 특성이 있다. 일단 한번 복제되면 원본을 증명하기가 어렵다. 원본과 복사본의 차이가 없기 때문이다. 디지털 공간에서의 '소유권'도 그 의미가 명확하지 않다. 디지털 공간에서 중앙화된 기관(플랫폼 기업)이 디지털 창작물을 관리한다면, 소유권자는 창작물에 대한 통제권을 사실상 가지지 못하는 것에 가깝다. 메타버스 공간에서 활동하는 사람들이 자체적으로 디지털 창작물을 만들고 유통하며, 디지털 자산을 다양한 방식으로 활용하는 데 한계가 있다는 얘기다.

이런 한계를 효과적으로 해결해준 기술이 NFT다. NFT를 활용하면 디지털 자산의 소유권을 블록체인 네트워크에 등록함으로써 진위성과 유일성을 증명할 수 있다. 분산원장에 기록된 소유 및 거래 이력이 블록체인 네트워크에서 투명하게 드러나기 때문에 해킹 위험도 없다. 이는 메타버스가 활성화된다는 가정하에 매우 중요한 이슈다. 메타버스 안에서 디지털 아트, 음원, 사진과 같은 다양한 디지털 창작물에 유일성이 부여되어 새로운 자산 시장이 형성될 수 있기 때문이다.

흔히 가상경제를 구축하는 요건으로 지속성, 희귀성, 전문화, 거래, 소유권 등 다섯 가지를 꼽는다. 첫째, 지속성은 가상세계의 환경 및 이용자에 대한 정보가 시간과 무관하게 지속되어야 함을 의미한다. 둘째, 희귀성은 가상세계에 존재하는 상품과 자산은 유한해야 하며, 이를 구입하는 데는 현실에서의 자원이 필요하다는 의미다. 셋째, 전문화는 현실 경제의 분업화와 같은 맥락에서 가상경제 또한 업무를 종류와 성질별로 나누어 조직 구성원들이 가능한 한 한 가지 주된 업무를 분담하여(분업) 효율성을 높인다는

(전문화) 의미다. 넷째, 거래는 가상경제의 이용자 및 참여자들이 가상경제 내의 상품을 타인과 자유롭게 거래할 수 있어야 한다는 의미다. 마지막으로, 소유권은 가상세계에 존재하는 가상자산의 소유권자를 식별할 수 있어야 하고 소유권이 원천적으로 보장돼야 한다는 의미다.

NFT를 활용하면 이 다섯 가지 요인 중 거래의 기록을 통한 '신뢰성'과 '소유권'을 충족시킬 수 있다는 점에서 가상경제 성립의 근본적인 요건들을 갖출 수 있다. 즉, NFT의 활용이 메타버스에서 가상경제를 구축하는 발판 기능을 할 수 있다.

05

NFT 에코 시스템

NFT 시장의 등장과 함께 NFT의 활용 방법에 대한 다양한 논의와 시도가 이어지고 있다. 그중에서도 NFT 생태계의 적절한 형태에 대한 논의가 가장 활발하다. 이는 NFT의 특성을 활용해 새로운 방식으로 상호작용할 방안을 모색하는 과정이며, 장기적으로 NFT 생태계의 발전 방향을 구체화하는 작업이다.

NFT 생태계는 NFT 보유자에게 다양한 제품, 활동 및 경험을 제공할 수 있어야 한다. 그리고 이후에는 NFT 프로젝트팀 및 NFT 생태계 발전에 기여한 사람들에게 적절한 방식으로 수익을 배분할 수 있어야 한다. 그래야만 더 유익한 프로젝트가 추가로 진행될 수 있으며, NFT 생태계뿐 아니라 NFT 창작물 자체의 가치도 높일 수 있다.

일례로, 보어드 에이프 요트 클럽(The Bored Ape Yacht Club)은 온라인 멤버십 회원들에게 원숭이 이미지 NFT를 제공한다. 이 프로젝트는 온라인 사적 모임과 그래피티 게시판으로 시작됐으나, 현재는 고가의 상품들을 거래하고 사교 행사와 요트 파티를 개최할 정도로 성장했다. 숩덕스(SupDucks)와 거터 캣 갱(Gutter Cat Gang)도 NFT 이미지를 중심으로 커뮤니티를 형성하며 온라인 공간에서의 상호작용을 활성화하기 위해 노력하고 있다. 숩덕스는 메타버스 기반 게임으로 영역을 확장하고 있으며, 거터 캣 갱은 현실 기반의 호화로운 파티와 같은 대면 행사에 초점을 맞추고 있다.

〈그림 4-3〉 숩덕스 #6484, 보어드 에이프 요트 클럽 #9976, 거터 캣 갱 #234

자료: medium.com

사람들은 멤버십으로 활용되는 NFT 컬렉션을 구매해 커뮤니티에 참여하고, 이를 자기 정체성의 일부로 받아들이기도 한다. 앞서 언급했듯이, 자신이 좋아하는 NFT 이미지를 공개 SNS 계정 프로필로 활용하는 이들도 있다. 각각의 NFT 기반 커뮤니티는 목적과 성향이 서로 다른데, 요즘에는 자기 성향에 맞는 NFT 기반 커뮤니티를 찾는 게 어려운 일이 아니다.

이처럼 NFT 소유권은 타인과의 상호작용을 위한 수단으로 활용되기도 한다. 커뮤니티 중 일부는 NFT를 상업적 권리로도 인정하고 있으며, NFT를 통해 커뮤니티 운영 방식을 간접적으로 드러내기도 한다.

이런 트렌드가 점차 확산됨에 따라, 몇몇 유명 브랜드는 고객들의 커뮤니티에서 브랜드 충성도를 높이고 브랜드 파워를 확산시키는 수단으로 NFT를 활용하고 있다. 예컨대 인기 스트리트웨어 브랜드 더헌드레즈(The Hundreds)는 마스코트 '애덤 밤(Adam Bomb)'을 활용한 NFT 프로젝트를 진행했다. 그 외에도 NFT 보유자들에게 신제품에 대한 우선 접근권을 제공하거나, 기업 설립자들과의 대담 기회를 제공하는 등 다양한 혜택을 주었다.

많은 NFT 기반 애플리케이션이 온라인 NFT 소유권을 오프라인과 연계하여 활용하는 방안을 모색하고 있다. 예를 들면, 중국 상하이에 있는 마야(MAYA) 레스토랑은 예약과 이벤트를 비롯한 멤버십 서비스에 NFT를 활용하고 있다. 티케팅 산업에서도 NFT를 활용한 비즈니스 기회를 검토하고 있다. 티켓을 NFT로 발행하면 NFT 티켓 소지자들을 대상으로 차별화된 서비스를 제공할 수 있으며, 2차 판매에 대한 로열티도 징수할 수 있다.

몇몇 기업은 NFT가 사람들의 평판과 활동 기록을 확인하는 수단으로 쓰일 수 있는지 검토하고 있다. 예컨대 MIT는 양도 불가능하도록 설정된 블록체인 기반 디지털 졸업장을 수여했으며, 블록서트 월렛(Blockcerts Wallet) 애플리케이션을 활용해 자신의 학위를 입증할 수 있도록 했다. 그 밖에 메타, POAP, 쿠도스(Cudos) 등의 기업도 NFT를 활용해 개인의 관심사에 맞고 활용하기 좋은 NFT를 만들고 공유할 방안을 찾고 있다.

06
NFT 투자와 활용 현황

NFT 등장 이후, 기업들의 비즈니스 활동도 다양해졌다. 사명을 메타로 변경한 페이스북은 자체적으로 메타버스 플랫폼을 구축하겠다고 밝혔으며, 그 과정에서 NFT가 핵심적인 역할을 할 것이라고 발표했다. 카카오는 자회사 그라운드X가 개발한 블록체인 플랫폼 클레이튼을 기반으로 NFT 발행부터 거래, SNS와의 연동 등 다양한 방식의 서비스를 개발하고 있다.

또한 가상 캐릭터 제작 애플리케이션 '제페토'를 개발한 네이버의 자회사 네이버제트도 슈퍼캣과 합작법인을 설립해 메타버스 플랫폼을 개발하고 있다. 제페토 스튜디오는 디지털 콘텐츠를 제작하는 크리에이터들을 위한 공간이다. 또 다른 자회사 라인테

〈그림 4-4〉 제페토 스튜디오

크리에이터를 위한 제페토 스튜디오. 현재 홈페이지에는 150만 명의 크리에이터와 2억 명의 유저를 확보하고 있다고 나와 있다. 책을 쓰면서 제페토를 몇 번 방문했지만 캐릭터와 그래픽에 아직 적응하지 못했다.
자료: zepeto.me

크플러스는 제페토에서 NFT를 발행하는 등 다양한 활동을 진행하고 있다.

기업들의 이런 활동은 디지털 공간에서 다양한 서비스를 생산하고 소비하게 하는 투자이며, 가상경제 플랫폼 및 인프라를 구축하려는 노력이다. 가상경제 인프라가 구축되면 많은 사람이 디지털 공간에서 수익의 원천을 확보할 수 있게 되며, 경제활동의 범위와 자유도가 훨씬 높아진다. 이런 가상경제 생태계는 디지털 소

〈그림 4-5〉 메타버스의 핵심, NFT와 가상경제
자료: 하나금융연구소

기업명	투자 대상	분야	투자 방식	투자 시기
삼성넥스트 (삼성전자)	니프티게이트웨이: NFT 기반 아트 거래플랫폼	아트 플랫폼	지분 투자 (시드라운드)	2021.7
	대퍼랩스 : NFT 기반 게임 개발사	스튜디오	지분 투자 (시리즈A)	2021.4
	알케미(Alchemy) : NFT 및 블록체인 개발업체	스튜디오	지분 투자 (시리즈B)	2021.4
	슈퍼레어 : NFT 아트 거래플랫폼	아트 플랫폼	지분 투자 (시리즈A)	2021.3
해시드	NFT 뱅크(NFT Bank) : NFT 자산관리 플랫폼	금융 인프라	지분 투자 (시드라운드)	2021.7

〈표 4-2〉 글로벌 기업의 가상경제 투자 현황

유권 개념의 정립과 잘 설계된 토큰 이코노미의 결합을 통해 구축될 수 있다.

앞서 NFT의 종류에서 살펴봤듯이, NFT를 활용하는 방식이

분야	기업명	NFT 관련 비즈니스
스포츠	NBA	NBA Top Shot
	MLB	MLB Champions
	Formula 1	F1 Delta Time
패션	NIKE	CryptoKicks
	LVMH	명품의 진위를 증명하기 위한 블록체인 'AURA' 출시
	BREITLING	NFT를 포함하는 이더리움 시스템으로 정품 인증
엔터테인먼트 & 영화	Turner Sports	Blocklete Games
	Warner Music Group	블록체인 기반 게임 업체 대퍼랩스에 투자
테크 & 인프라	AMD	Robotcache BGA와 파트너십
	Microsoft	Azure Heroes
	IBM	NFT 지원 커스텀 블록체인
	HTC	Exodus 1
	삼성	NFT 지원 디지털 지갑
비디오 게임	Ubisoft	Rabbid Tokens
	CAPCOM	Street Fighters
	ATARI	Atari Token

〈표 4-3〉 NFT 관련 비즈니스 시장에 진출하는 기업들

다양하기 때문에 이를 비즈니스에서 활용하는 방식도 다양하다. NBA는 'NBA 톱샷'이라는 이름으로 하이라이트 영상을 NFT로 발행해 하나의 상품으로 만들었다. 나이키는 NFT 기반 가상 의류 브랜드 스타트업 RTFKT를 인수했다. 브랜드의 영향력을 디지털 경제로까지 확대하려는 움직임이다.

IBM은 NFT의 고유성에 주목했다. 지식재산권 전문 기업 IPwe와 협력하여 거래, 라이선스, 자금 조달, 연구, 상품화 등 특허에 관한 모든 작업을 지원하는 NFT 기반 특허 생태계 글로벌 패튼트 마켓 플레이스(Global Patent Marketplace)를 구축하고 있다.

NFT를 기반으로 한 신사업 발굴은 이처럼 엔터테인먼트, 의류, IT 등 업종을 가릴 것 없이 사실상 거의 전 분야에서 이뤄지고 있다.

07
예술 산업에서 NFT의 활용

NFT는 메타버스와 결합할 때 활용 방법이 구체화되는데, 이를 잘 보여주는 기업 중 하나가 스페이셜(Spatial)이다. 스페이셜은 가상 공간의 사용자 환경을 제공하는 기업으로, 가상 갤러리를 활용해 디지털 예술가들이 예술품 수집가 및 감상자들과 효과적으로 상호작용할 수 있는 여건을 조성하고 있다.

스페이셜의 가상 갤러리를 활용하는 방법은 이렇다. 먼저 NFT를 발행하거나 구입한 사람은 이를 '월렛'에 저장한다. 월렛은 NFT를 비롯한 각종 가상자산을 한곳에 보관할 수 있는 디지털 지갑으로, 보유한 가상자산을 블록체인 시스템과 연동할 수 있는 일종의 소프트웨어다.

그다음으로 스페이셜과 호환되는 디바이스를 통해 스페이셜이 제공하는 서비스에 접근한다. 기본적으로 가상 공간에 진입하는 것이기 때문에 메타의 오큘러스, 마이크로소프트의 홀로렌즈 같은 VR 기기가 활용되며, 사용자 인터페이스의 불편함을 감수한다면 핸드폰이나 노트북 등으로도 스페이셜이 제공하는 서비스를 이용할 수 있다.

이후 서비스 이용자는 스페이셜에서 개인 가상 갤러리를 만들어 보유한 NFT를 자신이 원하는 공간에 배치할 수 있다. 이렇게 만들어진 가상 갤러리에는 다른 사람들도 입장할 수 있다.

스페이셜을 활용한 가상 갤러리는 홍보 및 전시 기회를 갖기 어려웠던 신인 예술가들에게 디지털 공간에서 갤러리의 도움 없이도 자신의 작품을 공개하고 판매할 기회를 제공한다. 특히 실물이 존재하지 않는 디지털 자산에 소유권을 부여하고 전시하며, 작품 데이터베이스를 투명하게 공개할 수 있도록 한다는 점에서 메

〈그림 4-6〉 스페이셜을 통해 구축한 가상 갤러리
자료: 유튜브

타버스를 기반으로 한 NFT의 활용은 예술가와 감상자 모두에게 긍정적인 영향을 미치고 있다.

실제로 몇몇 갤러리는 예술가와 협업하여 스페이셜을 통한 전시를 기획하고 있는데, 그 대표적인 예가 스테이트 허미티지 미술관(State Hermitage Museum)이다. 이 미술관은 2021년 11월 10일부터 한 달 동안 스페이셜을 활용해 NFT 전시를 기획했다. 예술인 38명의 작품을 전시했으며, 세계 각지의 예술가와 감상자들이 가상 갤러리에서 상호작용했다. 허미티지 미술관은 갤러리 공간을 기준으로 세계에서 가장 큰 미술관으로 알려져 있는데, 이를 통해 권위 있는 기관에서도 NFT를 기반으로 한 예술 산업 생태계가 형성될 가능성을 염두에 두고 있음을 알 수 있다.

08

결론: 아트파이낸스의 연장선에 있는 NFT

이로써 NFT에 대한 일반적인 설명을 마쳤다. 시중에 나온 많은 NFT 관련 서적들은 보통 여기서 멈춘다. 사실 대부분의 책이 이만큼도 가르쳐주지 않는 것 같다. 그러나 JTBC 〈차이나는 클라스〉를 포함해 수많은 강의를 하면서 느낀 것은 우리 독자들의 지적 호기심은 이런 기본적인 개념만으로 충족되지 않는다는 것이다.

내가 만나본 수많은 사람은 외쳤다. 콘텐츠가 부족하다고. 시중의 NFT 서적을 보면 NFT를 어디에 이용하고 NFT를 어떻게 봐야 하는지 알려주지 않는다고. 우리는 더 스마트하다고. 무엇인가를 배우고 나면 자연스럽게 "그래서 어떻게?"라는 질문에 도달하지만 그에 대한 답을 얻지 못한 채, '모든 곳에 NFT가 적용될 수 있습니다'라는 직관적으로 좀 이상한 결론과 함께 책을 덮곤 했다고.

그래서 준비했다. 내가 잘할 수 있는 NFT에 대한 전문적인 이야기, NFT를 제대로 이해하기 위한 구체적 활용 및 적용 사례를 앞으로 살펴볼 예정이다. 지금까지 쌓은 기본적인 이해를 바탕으로 심화 과정으로 넘어가자. NFT가 가장 직관적으로 적용될 수 있는 예술 산업과 금융 산업의 만남부터 살펴볼 것이다.

이제 아트파이낸스라는 미지의 영역으로 가서 새로운 지식을 소화할 차례다. 물론 지면상 아트파이낸스 내에서 NFT의 활용 방안을 하나하나 짚어주지는 못한다. 이는 미래의 일이기에 독자들의 상상의 영역으로 남겨두는 것이 옳다. 그러나 예술과 아트파이낸스에 대한 기초지식을 습득하고 나면 왜 NFT가 예술과 함께 가는지, 그리고 NFT는 미래에 어떤 모습을 하게 될지 상상해볼 수 있을 것이다.

가자, 아트파이낸스의 세계로!

NFT

NON
FUNGIBLE
TOKEN

CHAPTER

5

예술품 시장과 투자 그리고 아트파이낸스

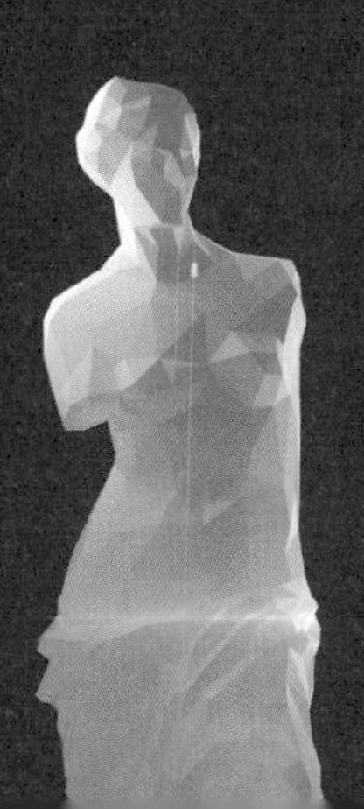

01
예술 시장의 구조와 참여자들

공급자: 예술가

예술가는 예술 활동, 즉 창작 활동을 통해 예술품을 생산하는 것을 직업으로 삼는 사람이다. 예술가가 되기 위한 자격 제도가 있는 것은 아니기 때문에 어디까지를 예술가로 봐야 하는지에 대해서는 아직도 많은 논의가 진행되고 있다.

예술 관련 전공자만을 예술가로 봐야 하는가? 예술 행위를 하는 모든 사람을 예술가로 봐야 하는가? 인지도에 대한 최소 수준이 있어야 하는가? 이런 문제들이 항상 논란이 되어왔다. 얼마 전 가수 솔비가 예술가로 직업을 바꾸면서 많은 논란과 저항을 낳았다가, 해외에서 유명세를 타자 논란이 수그러든 사례가 있다. 이를 보면 우리 사회에서 예술가로 인정해주는 것은 전공, 전문성, 인지도, 작품의 수준 등 여러 조건을 복합적으로 고려하여 이뤄짐을 알 수 있다.

예술 시장은 예술가들이 제작한 작품들이 거래되는 곳이기 때문에 예술 시장 또는 예술 산업에서 이들을 빼놓을 수 없다. 예술가들은 갤러리, 미술관, 아트페어 등에서 작품을 전시함으로써 대중에게 알려진다. 최근에는 SNS 등을 이용하여 스스로 홍보를 하기도 하는 등 자생적인 발판도 생겨나고 있다.

1차 시장: 갤러리

갤러리는 비영리기관인 미술관과 달리 상업 화랑을 말한다. 판매를 위해 예술품을 진열하고 전시하는 장소다. 갤러리는 예술가들이 예술 시장에 들어가는 1차적인 매개체로, 예술가의 작품을 구매자와 연결하는 다리 역할을 한다.

갤러리는 작품 유통(미술관 컬렉션 제안, 컬렉션 관리, 아트페어 참여 등), 전시 기획, 작가 매니지먼트(프로모션, 발굴), 고객 관리(갤러리가 보유한 개인, 기업, 기관 등의 컬렉터 관리) 등의 역할을 한다. 최근에는 공공미술 프로젝트 등에 참여하거나 아트펀드에도 진입하며 영역을 확장해나가고 있다.

전속 작가 계약을 맺어 작가를 관리하는 갤러리들이 점점 많아지고 있는데, 이 경우 작가의 작품을 중개한 뒤 작품 가격의 절반에 달하는 수수료를 받는다. 보통은 작가의 작품을 구입하여 직접 판매하거나 컬렉터의 작품을 위탁판매하고, 아트컨설팅 업무도 수행한다.

국내의 갤러리들은 다양한 사업의 형태로 운영되며 서울의 인사동, 청담동 등 인근 지역에 밀집되어 있다는 점이 특징이다. 최근에는 직접적인 판매가 어려워지고 비용 부담이 커져 인사동, 청담동에 있던 갤러리들이 문을 닫는 사례가 늘었다. 비교적 단기간에 많은 사람에게 노출되는 아트페어에서의 판매에 초점을 두는 갤러리들이 증가하고 있다.

2차 시장: 경매

경매 회사는 경매를 통해 미술 작품을 판매하는 곳으로, 소유자에게 작품을 위탁받아 판매를 매개한다. 2차 시장의 역할을 하며, 1차 시장에서 거래된 작품들에 대한 공개적인 거래 형태로 거래 과정과 결과가 다 노출된다. 경매에 출품되는 대부분의 작품은 경매 회사의 가이드라인, 작가 또는 작품의 인지도, 작품 내용, 컨디션 등에 따라 최저 추정가와 최고 추정가를 가지며, 낙찰됐을 때의 가격이 공개된다. 이런 공개적인 성격으로 작품 거래에 신뢰도가 높아 선호되는 시장이다.

대표적인 경매 시장이 크리스티나 소더비 같은 국제 옥션이다. 이런 경매 회사들은 언론의 관심을 집중적으로 받고 있으며, 연간 수천 달러의 매출을 올린다. 국내에는 1998년에 설립된 서울옥션과 2005년에 설립된 K옥션이 주축을 이루고 있다. K옥션은 우리나라 최초로 경매에서 낙찰률 80%대를 기록하며 국내 경매 시장과 예술 시장 전체가 확장되는 데 큰 기여를 했다.

예술품 감정

예술품 감정은 예술품에 대한 진위판정(authentication)과 가치평가(appraisal)를 포함하는 개념이다. 이 둘은 서로 연결되어 있기는 하나, 판단하는 자료와 절차가 각기 다른 전문 영역이다. 국내에서는 예술 시장이 본격적으로 형성되기 시작한 1970년대 초부터 소장하고 있던 예술품들을 중심으로 예술품 감정이 이뤄졌다. 국내에서는 'authentication'을 진위감정으로, 'appraisal'을 시가감정으로 구분해 사용해오고 있다.

국가에서 공인한 예술품 감정기관은 없으며, 한국고미술협회와 한국화랑협회가 미술품 감정 업무를 주도한다. 2001년 설립된 한국미술품감정협회는 보다 객관적이고 과학적인 방법을 통해 국내 미술품 감정 시스템을 만들기 위해 노력하고 있다.

02
예술 시장 현황과 트렌드

세계 예술 시장 현황과 트렌드

지난 10년의 예술 시장을 되돌아보자(그림 5-1). 2009년에는 세계 금융위기가 예술 시장에도 영향을 미쳐 395억 달러의 매출을 기록했다. 정점이었던 2007년의 약 660억 달러에 비해 40%가 하락한 수준이다. 이후 중국 시장의 호황과 미국에서의 빠른 반등이 이어지면서 2011년에는 매출이 650억 달러를 약간 밑돌면서 강한 회복세를 보였다. 중국의 호황은 2012년 글로벌 가치의 둔화를 초래하며 막을 내렸지만, 이후 2년간 다른 곳, 특히 미국에서의 판매 호조로 2014년에는 현재까지 최고치인 682억 달러를 기

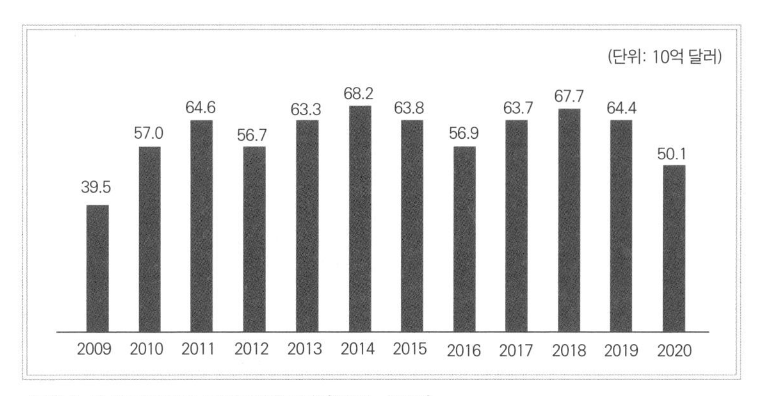

〈그림 5-1〉 글로벌 아트 시장의 매출 추이(2009~2020)

코로나19는 2009년 금융위기 이후 미술 시장에 가장 큰 악재로 작용했다.
자료: Arts Economics(2021)

록했다. 이후 2018년부터 2년째 감소세를 보였으며, 특히 코로나19 대유행으로 2020년에는 501억 달러에 머물렀다. 이는 2019년 644억 달러에서 22% 감소한 수치다.

2020년 경매 판매(개인 판매private sale는 제외)는 30% 감소했고, 딜러 부문의 판매는 약 20% 감소했다. 반면 경매 개인 판매는 2019년 대비 36% 증가했다. 경매 부문은 2020년 매출 규모의 42%를 차지했으며, 딜러 및 갤러리(1차 · 2차 시장의 모든 온 · 오프라인 예술품 및 골동품 소매 판매 포함)는 58%를 차지했다.

〈그림 5-2〉를 보자. 미국, 영국, 중화권(중국, 홍콩, 대만) 등 주요 예술 허브의 매출이 모두 감소했지만, 그럼에도 이 주요 시장들이 2020년 세계 미술 시장의 82%를 차지했다. 2009년 글로벌 금융

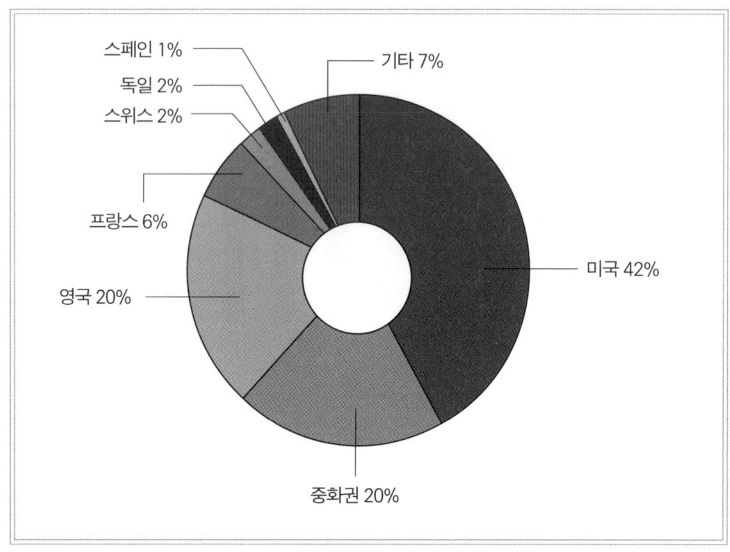

〈그림 5-2〉 글로벌 아트 시장의 각국 점유율(2020년 기준)
자료: Arts Economics(2021)

위기 이후 가장 큰 규모의 매출 감소임에도 미국 시장은 거래액 기준 42%를 점유하며 글로벌 순위에서 선두 지위를 유지했다.

중국 미술 시장은 2020년 1분기에 첫 번째로 록다운(lockdown, 봉쇄)을 겪은 주요 시장이다. 하반기에 약간의 탄력을 되찾았고, 경매 시장에서 고가의 작품이 다수 판매되면서 2019년 대비 매출이 2% 증가해 통계적으로 영국과 동등한 시장 점유율을 보였다. 영국은 EU 탈퇴와 함께 대유행에 대처하면서 매우 어려운 한 해를 보내는 와중에도 글로벌 매출 20% 점유율을 유지했다. 영국을 제외한 EU의 매출은 12%로 전년 동기 대비 안정적인 점유율을 기록했다. 다만 프랑스는 매출이 크게 감소하여 시장 점유율이 6%로 떨어졌다.

2020년에 가장 괄목할 만한 성과는 온라인 미술 시장의 성장과 확대다. 2020년 온라인 미술 시장 판매액은 전년 대비 2배를 기록하며 124억 달러 규모로 성장했다. 2019년 온라인 시장의 시장점유율은 9%에 불과했으나 2020년 점유율은 25%로 확대됐다. 코로나19 이후 딜러(갤러리)와 아트페어가 온라인 뷰잉룸을 본격적으로 실행하면서, 딜러(갤러리) 부문 온라인 시장점유율은 13%에서 39%로 전년 대비 3배 증가했다.

2020년은 'MZ세대'가 미술 시장을 주도했다(그림 5-3). 고액 자

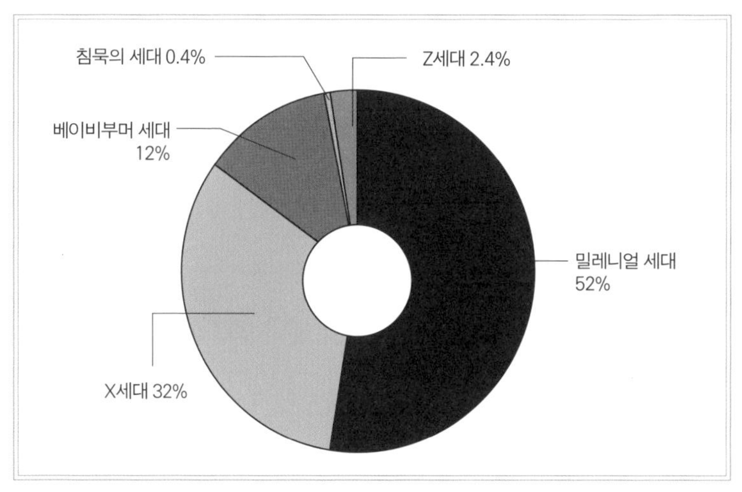

〈그림 5-3〉 컬렉터의 연령별 소비 점유율(2020년 기준)

자료: Arts Economics(2021)

산가 중 미술품 컬렉터로 활동하는 사람들의 나이를 분석했을 때 밀레니얼 세대가 52%, Z세대가 32%로 대다수를 차지했다. 밀레니얼 세대는 2020년 기준 가장 높은 소비율을 기록했으며, 30%가 100만 달러 이상을 소비한 반면 베이비부머 세대는 17%가 100만 달러 이상을 소비했다.

국내 예술 시장 현황과 트렌드

국내 미술 시장 규모는 작품 거래 금액 기준으로 2015년에 약 3,904억 원, 2016년 3,965억 원, 2017년 약 4,942억 원, 2018년 약 4,482억 원, 2019년 약 4,147억 원으로 추정됐다(그림 5-4). 주요 유통 영역(갤러리, 경매 회사, 아트페어)에서의 작품 판매 금액은 2014년부터 2017년까지 지속적인 상승세를 보이다가 2018년부터 규모가 감소했다. 미술 시장에서 거래되는 작품의 수는 2012년 2만 5,195점에서 2018년 3만 9,367점까지 꾸준히 증가했으나, 2019년 3만 7,930점으로 소폭 감소했다.

2019년 기준 국내에는 총 475개의 갤러리가 운영되고 있으며, 1만 2,034점의 작품이 약 1,852억 원에 판매됐다. 전시 판매를 통한 매출이 56.4%로 가장 높았으며 그다음으로 해외 아트페어 판매가 24.8%, 국내에서 열린 아트페어에서의 판매는 11.4%를 차

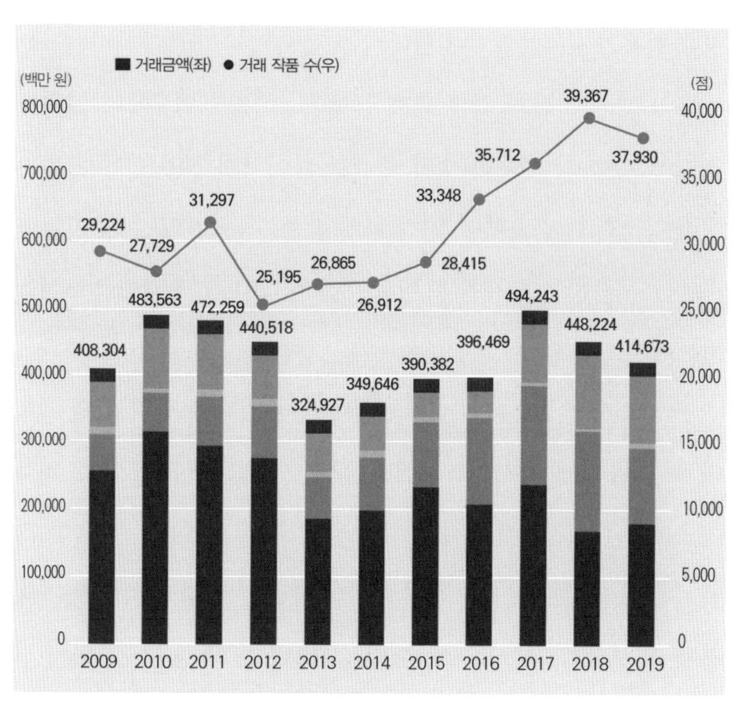

〈그림 5-4〉 미술 시장의 거래 규모 추이(2009~2019)

자료: 예술경영지원센터, 〈2020 미술시장 실태조사〉

지했다.

판매 작품의 금액대별 갤러리를 나누어보면 1억 원 미만 갤러리가 375개로 78.9%를 차지했으며, 1억 원 초과~5억 원 미만 갤러리는 71개로 14.9%, 5억 원 이상의 갤러리는 29개로 6.1%를 차지했다. 갤러리는 2019년도 작품 판매 금액 기준으로 주요 유통 영역 중 48.6%로 가장 높은 비중을 차지했으며 그다음으로는 경매 회사가 30.4%를 차지했다.

국내 경매 시장의 작품 판매 금액을 2013년 이후부터 살펴보면, 2018년까지 꾸준히 증가 추세를 보이다가 2019년에는 전년 대비 약 23.4% 감소했다. 연간 판매 작품 수는 2012년 8,116점에서부터 꾸준히 상승세를 보이고 있으며, 2019년은 2만 248점을 기록했다.

경매 회사는 2014년 기준 전국에 총 9개가 운영되고 있으며, 이 중 일반 경매 회사가 5개이고 나머지 4개는 온라인 경매 회사다. 2019년 9개 경매 회사의 낙찰 금액은 총 1,152억 원, 낙찰 작품 수는 2만 179점이다. 경매 회사의 매출은 낙찰 판매가 99.5%, 경매 외 판매가 0.5%로 조사됐다. 2019년 한 해 동안 518회의 경매가 개최됐으며, 2019년 국내 작품 낙찰 금액은 약 1,021억 원, 해외 작품은 약 131억 원으로 집계됐다.

2020년 상반기부터 코로나19의 유행으로 미술 시장은 많은 혼란을 겪었다. 주요 전시와 아트페어, 오프라인 경매 등이 취소됐고 미술 시장의 규모 또한 감소했다.

이에 미술 시장과 참여자들은 현 상황을 이겨내기 위해서 빠르게 변화를 시도했다. 대표적인 변화가 온라인으로의 이동이다. 한국국제아트페어(KIAF)를 비롯한 아트페어는 온라인 뷰잉룸을 통해 작품을 선보였다. KIAF를 예로 들면, 행사 기간 웹사이트 접속자 수가 약 3만 6,000명으로, 하루 평균 1,000명 이상의 방문객이 접속했다. 1,000만 원에서 5,000만 원대 작품이 25.8%로 가장 많이 팔렸으며, 5,000만 원에서 1억 원 사이와 1억 원 이상의 고가 작품이 판매된 집계는 각각 3%를 기록했다.

국내 경매 회사들 또한 코로나19 이후 온라인으로 경매를 진행하고 있다. 2020년에 열린 총 195회의 경매 중 온라인 경매가 158회를 차지한다. 195회 경매의 출품작 수는 2만 7,822점이고, 낙찰 작품 수는 1만 7,611점이며, 낙찰총액은 약 1,139억 원을 기록했다.

03
예술품 투자의 기대수익과 위험

기대수익

예술품을 대체투자 상품으로 주목하는 금융권의 수요와 예술품의 성격을 고려할 때, 예술품이 투자 자산으로서 충분한 가치를 지니고 있음을 알 수 있다. 다른 자산들과 마찬가지로, 예술 시장에 대한 투자 분석에서 가장 중요한 것은 시간이 지남에 따라 얻을 수 있는 수익률이다. 예술품을 소유함으로써 얻을 수 있는 정신적 가치도 존재하지만, 투자의 목적으로 예술품을 바라봤을 때 이런 정신적 가치는 자산의 금전적인 가치와는 무관하다고 볼 수 있다.

예술품 투자에 대한 기대수익률을 계산할 때는 투자 기간(보유 기간) 내 재정적인 수익만을 고려해야 하는데, 그런 접근 방법에는 몇 가지 문제점이 있다. 앞서 언급한 것처럼 예술품은 거래가 자주 일어나지 않는다. 따라서 특정 작품 또는 작가의 가치를 확인하고 싶어도 주기적으로 가격을 확인할 방법이 존재하지 않는다. 예컨대 여러 가지 객관적인 지표들을 바탕으로 투자를 할지 말지 합리적으로 의사결정을 할 수 있는 주식과는 다르다.

이렇게 예술품은 여타 투자 자산과 다른 특징을 가지고 있기 때문에 투자에 나서기 전 많은 사항을 검토해야 한다. 예를 들면 예술품에는 보관 비용이 들어간다. 보관 비용은 실체를 갖는 동산이나 부동산에서 발생하는데, 여기에는 수리 · 복원 · 보험 등의 많은 유지 비용이 포함된다. 이런 비용은 투자수익의 1~5%를 상쇄할 만큼 비중이 크다. 따라서 예술품에 투자하는 펀드 운용 인력이나 위험 관리자들은 예술품 투자 포트폴리오의 기대수익과 위험 구조를 관리하는 데 보관 비용을 매우 중요한 요소로 다뤄야 한다.

거래 관련 비용 또한 고려해야 할 요소다. 주식이나 채권 같은 자산에도 거래 비용이 존재하지만, 예술품 거래 비용은 다른 자산들보다 매우 높다. 예를 들어 경매 수수료와 커미션이 최대 25%까지 부과될 수 있다. 보험과 운송료 또한 예술품 투자에서 중요한 비용이다. 이런 부가적인 비용들은 다른 자산보다 예술품에서 훨씬 더 많이 발생한다.

투자 수단으로서 예술품은 부가적인 비용을 다른 자산보다 더 많이 지불해야 하지만, 재무적으로 긍정적인 측면 또한 존재한다. 가장 큰 장점으로는 세금 절약을 들 수 있다. 많은 국가에서 예술품 투자는 절세 수단으로 사용되고 있으며, 이는 최종적으로 투자자의 수익률을 높이는 데 기여한다.

위험

예술 시장에서의 구매자는 순수 심미적 목적으로 작품을 구입하는 컬렉터부터 투기 목적으로 구입하는 사람들까지 목적에 따라 여러 집단으로 분류할 수 있다. 각각의 집단에 속하는 구매자들은 예술품을 구매함으로써 서로 다른 만족감을 기대한다.

그중에서도 투자 목적으로 구매하는 사람들에게는 투자에 대한 기대수익과 리스크를 측정하는 데 불확실성이라는 요소가 매우 중요하다. 예술품 투자자가 주목해야 하는 불확실성은 미술품의 거래 가격 변동성이나 불명확한 작가 문제와 같이 해당 작품과 관련된 요소들로 인한 기타 변동성 그리고 구매 · 판매 · 보관 또는 보증 비용의 가격 변동으로 나누어볼 수 있다. 특히 마지막 요소는 세금과 국제 거래 제한, 시장에서의 규제 등과 같은 외부적 요인들의 영향을 많이 받는다.

반면 순수하게 작품이 좋아서 작품을 구매하는 수집가들은 가격과 관련된 상품 가치 변동에 신경을 덜 쓰는 편이며, 주관적 가치판단 외에 보관 비용, 관련 규제 등에도 상대적으로 덜 민감한 태도를 보인다.

투자수익은 해당 자산이 지니는 위험에 대한 보상이다. 예술품은 동산이기 때문에 주식이나 채권과는 다르게 특수한 손상이나 결함 등 물리적 위험을 지닌다. 이런 물리적 위험은 보험을 통해 관리해야 한다.

예술품이 지닌 또 다른 위험으로는 작품의 진위 문제가 있다. 해당 작품의 작가와 출처가 확실한지, 이전 소유권에 별도의 문제점이 없는지 등을 확인해야 한다. 진위 확인 문제에서는 작품을 평가하고 검증하는 전문가의 의견에 대한 의존도가 매우 높다. 전문가의 판단이라고 할지라도 주관적인 가치 측정을 통한 접근은 실수나 편향 등의 위험과 한계가 존재하기 때문에, 전문가에게 자문을 구하기 전에 그가 속한 기관의 평판과 전문성을 충분히 조사해야 한다.

예술품 투자에 따르는 위험은 각기 다른 장르, 사조, 작가에 투자함으로써 분산할 수 있다. 다른 자산들에 투자할 때와 마찬가지로, 다양한 예술품으로 투자 포트폴리오를 구성하면 투자 위험을 낮추고, 기대수익을 높일 수 있다.

예술품 투자 시 포트폴리오, 어떻게 구성할까?

투자 자산의 가격 변화는 위험 요소다. 가격을 객관적으로 측정해야 위험을 최소화할 수 있다. 가격의 객관적 측정을 위하여 각 예술품에 맞춰 적용할 수 있는 다양한 통계적 기법이 존재한다.

장기적인 투자를 고려해야 하는 여타 대체투자 상품들과 마찬가지로, 예술 시장에서는 단순한 역사적 데이터 분석에 의존하여 미래의 위험을 예측하는 것이 불가능하다. 단순한 역사적 데이터 분석은 대부분 단기 투자 시의 성과를 예측하기 때문이다. 예술품 투자에서는 과거의 가치에서 시작되어 나타나는 보다 장기적인 관점의 가치평가 방법이 요구된다.

대체투자 관점에서 봤을 때, 포트폴리오에 예술품을 담는 이유는 예술품의 수익률이 주식이나 채권 같은 전통적인 자산들의 수익률과 낮은 상관관계를 가진다는 것이다. 미술 시장은 비유동적이어서 경제 상황을 반영하는 데 시간이 걸리기 때문이다. 이런 미술품 투자 고유의 장점은 전통적인 자산과 분산 투자를 할 때만이 아니라 여러 영역의 미술품에 동시 투자할 때도 효과를 발휘한다.

미술품 투자의 위험 측정 방법은 변동성이나 VaR(Value at Risk, 최대 손실 예상치)과 같은 전통적인 위험 분석 이외에도 경매 과정에서 나타나는 미술품 가치의 평가를 통해 하락 위험을 측정하는 독특하고 유용한 방법이 존재한다. 즉, 경매에서 예상 낙찰가와 실제 낙찰가의 차이를 분석함으로써 측정하는 방법이다. 경매 과정에서 작품이 추정된 예상 낙찰 범위보다 높은 가격에서 거래된다면 기대했던 수익률 외에 예측하지 못했던 추가 이익이 발생하며, 반대의 상황이라면 이로 인한 불확실성이 투자 위험이 될 수 있다.

이처럼 위험 평가 측면에서 낙찰 가격이 예상 낙찰가에 미치지 못하는 경우에 발생하는 손실 위험에 주의해야 한다. 미술 시장에 대한 위험 분석의 주류 응용 모델은 성장 가능성이 높기는 하지만, 현재는 초기 단계이며 안정화를 위해 지속적으로 개량할 필요가 있다. 미술 자산을 이용한 대체투자 시장은 현재 새롭게 떠오르는 영역이며, 미술 금융을 활용한 미술 시장 활성화에 결정적인 역할을 할 것이기 때문에 주목할 필요가 있다.

04

공급과 수요 측면에서 바라보는 예술품

예술품은 각각의 작품이 유일하며, 내재적 가치(작품의 예술적 가치)를 측정하기란 불가능에 가깝다. 하지만 개인 컬렉터, 투자자, 기관들이 예술품을 돈으로 사고팔기 때문에 자본 시장과 경제의 제약을 피해 갈 수 없다. 예술품의 가격은 그 밖의 여러 시장과 마찬가지로 수요와 공급을 통해 결정되기 때문에 예술품 거래 시장에서의 수요와 공급 관계를 이해하는 것은 예술품 투자를 할 때 필수적이다.

공급

예술 시장은 상당히 큰 규모로 성장했음에도 여타 자산에 비해 거래를 관리하는 공식적인 조정기구나 거래기관이 적다. 또한 구매자와 판매자가 거래를 하는 데 개인적인 관계와 관행에 의존하는, 체계가 잡혀 있지 않은 시장이다. 이런 시장에서는 시장의 생성과 관리를 책임지는 전문가들의 역할이 다른 시장에 비해 상대적으로 크다. 이로 인해 정보의 비대칭이 생겨나고, 높은 거래 비용이 발생하며, 자산의 가치평가에도 주관적인 요소가 상당 부분을 차지한다.

다른 금융 시장들과 비교해봤을 때 예술 시장의 가장 중요한 특징 중 하나는 공급 주도형 시장이라는 점이다. 컬렉터나 투자자들이 어떤 작품을 구매하고 싶다고 해서 살 수 있는 게 아니다. 특히 유명한 예술가의 작품이나 이미 사망한 예술가의 작품은 희소성이 있기 때문에 더더욱 공급이 부족해 높은 가격을 형성하게 된다. 대작이 시장에서 거래되는 데 평균 30~40년이 걸린다는 점만 봐도 작품의 희소가치가 얼마나 중요한지 이해할 수 있을 것이다.

전통적인 투자 자산인 주식은 거의 매 순간 거래가 일어난다. 이에 반해 예술품은 거래 빈도가 매우 낮으며 거래할 수 있는 작품의 수가 한정되어 있다. 이런 현상은 유명한 작품일수록 더욱 두드러진다. 작업 활동을 활발히 이어나가 시장에 작품을 공급할 수 있는 예술가의 수는 쉽게 늘지 않기 때문에 추가 공급을 하더라도 수요를 만족시키기가 어렵다. 이런 특성 때문에 컬렉터가 특정 예술품을 소유할 수 있는 드문 기회를 얻었을 때 작품 가격이 끝없이 올라갈 수 있다.

수요

예술 시장의 수요는 컬렉터, 투자자, 기관(미술관 등), 딜러 등 예술품을 구매하고자 하는 다양한 시장 참여자에 의해 결정된다. 이들이 예술품을 구매하고자 하는 의사는 각자의 취향이나 안목, 다른 수요자들과의 경쟁 등 다양한 측면을 통해 결정된다.

예술품 구매에서 소득은 중요한 요소이며, 일반적으로 소득이 증가함에 따라 예술품을 사고자 하는 욕구 또한 커진다. 소득 증가에 따른 예술품 수요 증가는 개인적 수준과 국가적인 수준 모두에서 나타날 수 있다. 개인 수준에서는 소득이 증가했을 경우 더 고급스러운 상품을 소비하거나 전통적 투자 상품이 아닌 대체 투자 자산에 투자한다. 국가 수준에서는 총소득이 일정 수준 이상으로 올라갈 경우 국민이 예술을 더 많이 향유하며, 예술품에 더 많은 돈을 쓰게 될 가능성이 크다. 단적인 예로 1980년대 일본을 생각할 수 있다. 당시 일본은 부동산 시장의 거품과 함께 예술 시장이 크게 부흥했으며, 많은 컬렉터가 예술품을 구입했다.

개개인의 취향 역시 예술품 수요에 중요한 요소다. 개인의 취향을 정량화하긴 쉽지 않으나 예술품 소비 방향을 주도하는 건 분명하다. 공급이 풍부하고 공개적이고 객관적인 정보가 많은 제품은 소비자가 구매할지 말지에 대해 의사결정을 하기가 어렵지 않다. 그러나 예술품은 가격이 비싸며, 이전 거래에 대한 정보가 많지 않고, 작품의 내재적 가치를 알기가 쉽지 않기 때문에 구매하는 데 많은 고민을 하게 된다.

구매자의 취향과 선호는 주관적인 기준 중 하나다. 그렇지만 예술품을 구매하는 데 구매자, 특히 대체투자 자산으로서 예술품을 바라보는 사람이 자신의 취향과 선호에 따르는 경우는 많지 않다. 대신 상당한 시간과 노력을 들여서 예술 시장의 트렌드를 파악하거나, 시장을 잘 아는 전문가의 의견에 의존한다.

예술품 구매 경험이 부족한 구매자가 예술 시장이나 작품에 대해 조사를 덜 하면서 예술품을 쉽고 빠르게 구매하는 방법은 대중에게 잘 알려진 작품이나 유명한 작가의 작품을 선택하는 것이다. 그러면 이미 성공적이라고 평가된 가치 있는 작품을 구매할 수 있으며, 특히 대체투자 자산으로서 예술품에 투자하고자 하는 사람은 투자 손실 위험을 줄일 수 있다.

일반적으로 시장에서 거래 가격과 한 상품을 대체할 수 있는 대체재의 가격은 제품의 수요에 큰 영향을 미친다. 그러나 앞서 말한 바와 같이 예술품은 각각의 작품이 유일무이하기에 대체재가 부족하다. '영국의 젊은 예술가들(Young British Artists, YBA)'을 대표하는 예술가 데이미언 허스트(Damien Hirst)의 작품 〈살아 있는 누군가의 마음에서 불가능한 물리적인 죽음(The Physical Impossibility of Death in the Mind of Someone Living)〉을 둘러싼 이야기는 이런 예술품의 비대체성을 잘 보여준다.

이 작품은 2004년 스티븐 코언(Steven A. Cohen)이 1,200만 달러라는 높은 가격에 구매했다. 높이 2미터, 길이 5미터짜리 수조에 방부제(포름알데히드) 5%가 섞인 물을 가득 담고 실제 상어의 사체

〈그림 5-5〉 데이미언 허스트의 〈살아 있는 누군가의 마음에서 불가능한 물리적인 죽음〉

를 담가놓은 작품으로, 1992년 사치 갤러리에서 열린 첫 YBA 전시회를 통해 공개됐다.

5만 파운드(약 1억 원)를 들여 제작한 이 작품을 보고 당시 영국 주류 언론은 '5만 파운드짜리 피시앤칩스(Fish and Chips)'라면서 비아냥거렸다. 하지만 1,200만 달러라는 경이적인 가격에 거래가 되자 언론은 태도를 바꾸어 영국 미술의 대표작으로 꼽으며 '영국의 미술 자체가 미국에 팔렸다'라는 기사를 내보냈다. 작품에 대한 이미지가 긍정적으로 바뀌자 이 작품을 구매하고 싶어 하는 사람들이 급증했는데, 코언은 작품을 팔고 싶어 하지 않았다.

여기서 흥미로운 점은 이 작품을 사고 싶어 하는 구매자들이 데이미언 허스트나 YBA 예술가들의 작품에만 관심이 있는 것이 아니었다는 것이다. 그들은 프로방스 지역의 걸작이나 고급 앤티크 가구를 구입하는 등 예술품을 수집하는 데 일정한 패턴을 보이지 않았다. 예술 시장에는 대체재에 대한 뚜렷한 기준이 존재하지 않는다는 것을 보여주는 예다.

예술품 수요에 영향을 미치는 또 다른 요소는 투자에 따른 기대수익률과 불확실성이다. 다른 자산들처럼 예술품 또한 투자를 했을 때 수익률이 높으리라고 예상될수록 수요가 많아진다. 반면 규모가 크거나 관리가 까다로운 작품들은 보유하는 동안 관리 비용을 대느라 투자금보다 더 많은 자금이 들어가야 할 수도 있으며, 또 어떤 작품들은 이전에 구매했을 때보다 가격이 떨어져 금전적 가치가 감소할 수도 있다. 이처럼 작품의 특성에 따른 위험과 불확실성은 투자자가 예술품에 투자하는 것을 망설이게 할 수 있다.

지금까지 이야기한 것처럼 예술 시장은 여러 요소가 영향을 미치는 고유의 수요와 공급 구조 탓에 여타 시장들과 다르게 경제 이론만으로는 완벽히 설명될 수 없다. 따라서 예술품의 정확한 가치를 산정하기 위해서는 기본적으로 예술 시장의 수요-공급 구조에 대한 연구와 함께 작품의 장르, 크기, 매체, 소장 이력 및 보존 상태, 작가의 인기나 명성 등의 요인을 객관적이고 정량적으로 표현하기 위한 연구가 필요하다. 이런 요인들이 정량화될 때, 예술품의 객관적인 가치와 거래에서 발생할 프리미엄을 측정할 수 있을 것이다.

05

예술가를 후원하는 행위에서 시작된 아트파이낸스

금융자산으로서의 예술품

예술품을 거래하는 주체들은 크게 두 가지 이유에서 예술품을 소유하고자 한다. 첫째는 단순한 심미적 목적으로 자신이 작품 또는 작가를 좋아하고, 작품을 소장하는 데서 행복감을 얻기 때문이다. 두 번째는 다른 투자 자산처럼 되팔 때의 수익을 기대하기 때문이다. 물론 둘 다를 추구하는 사람도 많다.

예술품의 가장 큰 특징은 희소성이다. 각각의 작품은 세상에 단 하나이며, 대량생산이 가능한 판화조차 수량을 정해놓고 생산한다. 따라서 수요 대비 공급이 상대적으로 부족할 수밖에 없다. 아무리 창작 활동을 활발히 하는 예술가라고 해도 한꺼번에 많은 작품을 제작할 순 없고, 더는 창작 활동이 불가능하거나 이미 사망한 예술가는 새로운 작품을 시장에 공급할 수 없기 때문이다. 예술품은 다른 재화들처럼 수요가 급격히 늘었다고 해서 공급을 급격히 늘릴 수는 없기 때문에 가격만 오르게 된다. 이런 시장 구조가 구매자들 사이에서 경쟁을 불러일으키기에 본질적으로 내재적 가치가 거의 없는 예술품이라도 가격이 꾸준히 상승하게 된다.

예술품과 예술 시장의 이런 특징이 예술품을 투자 상품으로 만들어준다. 그러나 예술품은 투자라는 맥락에서 여타 금융자산과는 결정적으로 다른 특징이 두 가지 존재한다. 하나는 각각의 예술품은 그 자체로 유일한 것이기 때문에 다른 것으로 대체될 수 없다는 점이다. 다른 하나는 예술품은 내재적 가치를 측정하는 것이 불가능하기 때문에 객관적으로 가치를 매길 만한 방법론이 존재하지 않는다는 점이다. 많은 연구자가 이런 한계를 극복하기 위해 새로운 측정 및 분석법을 개발하는 데 관심을 가지게 됐으며, 예술 자산의 정량적 가치 측정과 투자수익률 예측의 정확성을 높이기 위해 노력하고 있다.

예술품은 기존 금융자산보다 가치를 추정하기가 어렵지만, 그럼에도 경제성장이 느려지고 기존 자산들의 투자 대비 기대수익률이 꾸준히 낮아지고 있는 오늘날 대체투자 자산으로 주목받고 있다. 예술품은 기대수익률이 상대적으로 높고 기존 자산들의 수익률과 상관관계가 낮아 분산 효과를 기대할 수 있기 때문이다.

아트파이낸스란?

우리나라에서의 아트파이낸스는 주류 금융기관들이 관심은 가지고 있으나 활발히 참여하지는 않는 분야다. 역사가 짧고, 조직적으로 이뤄지지 못했으며, 결과마저 성공적이지 못했기 때문이다. 예술 시장 참여자들은 예술과 금융의 접점을 예술품을 낮은 가격에 구매한 후 높은 가격에 판매하여 매매차익을 얻는 활동으로만 한정한다. 이는 마치 금융을 여러 종류의 금융자산을 투자자의 이익을 위하여 정해진 투자 목적에 맞게 운용하는 것에만 국한하는 것과 같다.

금융이란 투자 가능한 자금(화폐 및 금융자산)을 가지고 있는 사람이 자금을 필요로 하는 사람에게 빌려주는 것을 말한다. 즉 일정 기간을 정하고, 빌려준 돈을 갚을 능력과 의사가 있다는 것을 믿고 자금을 빌려주는 것이다. 일반적으로 자금 공급자가 자금 수요자에게 자금을 빌려줄 때는 그 대가로 이자를 받는다.

아트파이낸스는 금융의 한 종류다. 아트파이낸스 역시 자금상

여유가 있는 사람이 자금을 필요로 하는 사람에게 화폐 및 금융 자산으로 빌려주는 것을 말한다. 여기서 자금을 필요로 하는 사람은 예술품을 생산하고자 하는 예술가, 예술품을 구매하고자 하는 컬렉터 또는 투자자, 소유한 예술품을 담보로 자금을 확보하고자 하는 사람, 전시회를 기획 및 개최하고자 하는 개인 또는 기관, 예술품을 중개하는 딜러와 경매사 등을 말한다.

즉 아트파이낸스의 범주는 단순히 예술 시장에서 예술품을 구매하고자 하는 사람들로만 국한되는 것이 아니라 예술품을 이용해 수익을 내고자 하는 모든 사람을 포함한다. 또한 여기서 자금을 필요로 하는 사람에게 자금을 주는 공급자는 이런 모든 이윤 추구 행위에 투자할 의향이 있는 투자자들이다.

그러므로 아트파이낸스는 부채로 자금을 조달하여 예술품을 구매하는 행위, 예술품을 담보로 자금을 조달하는 행위, 예술품을 이용해 이윤을 창출하기 위한 자금 조달 행위 모두를 포함한다. 2000년대 중반에 많은 인기를 끌었던 아트펀드 때문에 아트파이낸스를 단지 예술품을 구매하여 이윤을 남기는 행위라고 생각할 수 있지만, 이는 아트파이낸스의 일부일 뿐이며 아트파이낸스는 예술품과 관련된 모든 자금 조달 행위를 말한다.

예술품을 거래하는 시장이 활성화되기 전까지, 유럽 사회에서 후원자는 여러 가지 의미에서 수많은 미술 프로젝트와 예술가의 창작 활동에 가장 많은 기여를 한 중요한 요소였다. 왕과 성직자, 귀족들은 중세부터 르네상스 시대까지 후원자로서 예술가들을 키우는 데 깊이 관여했고 예술가들이 안정적인 창작 활동을 할 수 있게 해주었다.

부의 심각한 불균형적 배분으로 빈부격차가 심했던 이 시기 유럽에서 지속적인 노동을 요구하는 예술 작업을 해야 하는 (그리고 수요가 한정된 사치품을 제작하는) 예술가들은 대부분 가난했기 때문에 부를 가지고 있는 계층의 후원이 필수적이었다. 부유한 이들의 후원은 초기 예술가들에게 생존과 성공의 기회를 제공했다. 희대의 애서가이자 프랑코 플라망 화파의 가장 중요한 후원자였던 장 베리(Jean duc de Berry) 공작이나 이탈리아의 르네상스를 이끌었던 코시모 데 메디치(Cosimo de' Medici)는 창작 활동을 하는 예술가들만큼이나 새로운 예술의 탄생에 크게 기여했다.

19세기가 되면서 교회는 여러 종파로 분열되어 더는 예술가들의 후원에 집중할 수 없었고, 이와 함께 많은 사람의 관심이 예술에서 멀어졌다. 예외적으로 몇몇 왕족이나 귀족이 개인적인 즐거움을 위하여 예술 작품 활동을 지원할 뿐이었다.

그러다가 19세기 후반에 이르러 금융 중개업이 발전하면서 기존의 후원자였던 교회나 왕족, 귀족이 아닌 새로운 예술가 후원자들이 등장하게 됐다. 이들은 예술품 딜러들로, 시어도어 두레트(Theodore Duret)나 앰브로스 볼라드(Ambroise Vollard) 등이 직접적 후원의 선구자로 알려져 있다. 19세기 후반에 태동한 예술품 딜러들의 예술가 후원은 제2차 세계대전을 전후하여 규모가 커지고 조직적으로 이뤄졌으며, 예술품 딜러들과 개인이나 기업 형태의 후원을 통해 뛰어난 예술가들의 작품이 세상에 소개됐다. 이런 후원 체계가 오늘날 복잡한 미술 시장의 초석이 된 것이다.

현대에 이르러서는 많은 수의 갤러리가 예술가들과 전속 계약을 맺고 후원자의 역할을 한다. 갤러리는 자신이 후원한 예술가의 작품을 유통하는 구조이기 때문에 르네상스나 근대 시대처럼 예술가들의 작품 활동만을 지원하는 것이 아니라, 작품의 창작부터 성공적인 판매에 이르기까지 광범위한 역할을 수행한다.

20세기에 들어서 2차 시장인 경매가 예술 시장의 중요한 유통 채널로 부상하면서 예술품의 금융적 가치가 주목받게 됐다. 작품에 가격이 부여되는 과정과 결과를 모두 투명하게 볼 수 있는 경매는 예술품이 심미적 가치만이 아니라 금융적 가치 또한 지니고 있다는 것을 많은 이들에게 알려주었다.

그리하여 아트펀드가 탄생했고 미술품을 투자 대상으로 여기게 됐으며, 분산 투자의 도구로 삼게 됐다. 이런 미술품의 화폐화(monetarization)가 아트파이낸스의 새로운 지평을 열었고, 예술가 후원자이자 예술품 컬렉터들이 수집품을 담보로 자금을 조달할 수 있게 됐다.

06

예술품을 담보로 하는 다양한 대출: 아트뱅킹

현대의 예술대출은 크게 갤러리에 대한 대출과 개인대출로 분류할 수 있다. 이 두 가지 분류 안에는 수많은 대출 구조와 비즈니스 모델이 존재한다. 그중에서 현재 가장 중점적으로 논의되는 예술대출의 형태는 은행에서 이뤄지는 대출이다. 그러나 이 외에 기타 대출기관과 경매기관에서도 금융 활동이 활발하게 일어나고 있으며, 이에 대해서도 연구가 필요하다.

비은행대출

은행이 아닌 대출기관이 갤러리에 대출을 해줄 때, 대부분은 갤러리 소유주의 보증이 이뤄진다. 대부분의 은행이 예술품을 이전하면서 발생할 수 있는 운반료나 보관료 등의 추가 비용을 방지하기 위해 작품을 원소유주가 보관하도록 하는 데 반해, 은행이 아닌 대출기관은 약간의 재무공시와 함께 예술품들을 직접 보유하고 있다가 대출이 상환된 후에 원소유주에게 돌려준다. 이런 방식의 대출에서는 추가 비용이 발생할 수 있으나, 담보로 잡힌 예술품을 이용하여 추가 수익을 낼 가능성이 존재한다.

예를 들어 미국의 아트캐피털그룹(Art Capital Group)은 담보로 제공되는 미술품을 뉴욕시에 있는 자체 창고시설에 보관하거나 매디슨애비뉴 갤러리(Madison Avenue gallery)에 전시할 것을 요구한다. 이런 대출기관들의 방식은 사모펀드나 여타 투자수익을 목적으로 예술 시장에 참여하는 투자자들에게 중요한 방향성을 제공한다고 할 수 있다.

갤러리에 대한 대출과 달리 개인에 대한 예술품 담보대출은 은행과 대출기관뿐만 아니라 주요 경매기관에서도 이뤄진다. 소장하고 있는 예술품을 담보로 대출을 받는 개인들은 크게 두 부류로 나뉜다. 첫째는 고가의 예술품들을 보유하고 있지만 현금이 부족하여 특정 목적을 위한 돈을 필요로 하는 사람들이다. 둘째는 고가의 예술품만이 아니라 현금도 충분히 보유하고 있으면서, 전형적인 비유동자산인 예술품을 현금화하여 또 다른 투자에 쓰고자 하는 사람이다.

고가의 예술품을 소유하고 있으나 현금이 부족한 개인들을 위한 대출자의 유형으로는 대출기관이나 경매기관 등의 비은행기관이 주를 이루는데, 이들은 자체적으로 실시한 신용평가 또는 관련 경매기관의 조사에 기반하여 대출 여부를 결정한다. 대출기관은 이런 평가에 따라 상환청구가 가능하거나 불가능한 대출을 제공한다. 상환청구 가능 대출은 예술 자산이 담보되어 있을 뿐만 아니라, 돈을 빌려 가는 개인에 의해 보증이 되어 있기 때문에 대출자의 완전한 신용도(full credit)가 기본적으로 뒷받침되어 있는 대출이다. 반면, 비상환청구 대출은 순전히 담보로 잡혀 있는 예술품만을 기초로 하여 이뤄지는 대출이다.

비상환청구 대출은 개인의 신용도를 빼고 오로지 담보 목적으로 제공된 예술품에만 의존하기 때문에 상대적으로 높은 신용위험에 노출되어 있고, 이에 따라 높은 이자율을 요구하는 것이 일반적이다. 고객에 따라 조건은 다양하지만, 예술품만 담보로 작용할 때의 이자율이 10% 중후반인 데 비해, 개인의 신용을 포함하는 상환청구 가능 대출은 8~12%로 조사됐다.

전형적인 고가의 예술품과 부족한 현금을 가진 대출자들은 평범한 재력을 가진 사람들이다. 예컨대 예술품을 상속받았으나 부동산 또는 기타 상속 재산에 대한 세금을 내야 하는 상황에서 자금을 융통하기 위해 예술품을 담보로 대출을 받는 사람들이 여기 속한다. 경매에 부치거나 갤러리에 위탁판매하거나 구매자가 나타날 때까지 기다리는 것은 이들의 상황에 맞지 않는다. 자금을 상대적으로 짧은 시간 내에 구해야 하는 상황에서 예술품 담보대출은 가장 빠르고 효과적인 방안이다. 개인적인 상황이 안정되고, 예술품을 적절한 가격에 매각하면 그때 대출을 상환할 수 있다.

또는 예상치 못한 상황으로 자금이 급히 필요하지만 소유한 예술품을 팔고 싶지 않은 이들도 있을 것이다. 이런 경우 역시 자금을 빠르게 확보하기 위해 예술품을 담보로 대출기관에서 돈을 빌릴 수 있다. 대출기관들은 단기적으로(대체로 5년 미만의 기간) 필요한 현금을 위한 신용한도(line of credit)를 제공하거나, 대출기간에는 원금 상환 없이 이자만 내는 구조로 대출을 제공하기도 한다. 그러나 이런 기관들에서 대출을 받아 자금을 조달하는 경우 대출기관이 특정 조건에서 미술품을 강제로 판매할 수 있다는 데 동의하는 계약을 맺어야 할 수도 있다.

대출 계약을 체결할 때는 파산할 가능성은 낮아 보이고, 대출을 통해 조달된 자금을 사용한 밝은 미래만 생각하기 쉬운데, 재정 상황은 언제든지 바뀔 수 있다. 실제로 이자나 원금을 상환할 수 없는 상황에 몰린 채무자들이 가문 대대로 내려오던 미술품들을 강제로 처분당하는 상황을 맞이하는 경우도 있다. 앞서 언급한 것처럼, 비은행기관들은 일반적으로 미술품의 소유권을 가져간 후 대출자에게 원금에 대해 가장 높은 이자율을 적용한다. 단기적 유동성을 확보하기 위해 비은행기관들에서 미술품을 담보로 대출을 받는 것은 높은 이자율 때문에 위험을 증가시킬 수 있다.

주요 경매기관들 또한 예술품을 담보로 하는 자금 조달 또는 대출 서비스를 제공한다. 작품을 팔기 위해 경매기관에 위탁하는 판매자가 작품이 낙찰되기 전에 급히 자금이 필요할 경우 예술품을 담보로 경매기관이 돈을 빌려주고, 그 예술품이 판매됐을 때 최종 판매 대금에서 대출금을 차감하는 형태다. 이런 경우 대출액은 차입자의 신용 상태가 아니라 예술품의 가치로 결정된다. 크리스티나 소더비 같은 주요 경매기관은 평균적으로 작품 평가액의 40%에서 50% 사이의 금액을 대출해준다. 만약 채무자가 대출금을 상환하지 못할 경우에는 경매기관이 예술품의 판매 수수료를 통해 대출금을 상환할 뿐만 아니라 초과이익을 실현할 권리도 갖는다. 예술 시장의 상황에 따라 초과이익이 아니라 손실을 실현할 수도 있기 때문에 시장이 침체된 시기에는 경매기관들이 대출 활동을 줄이는 경향이 있다.

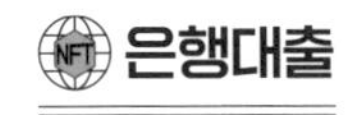

은행대출

비은행 금융기관들의 대출 구조와 달리, 은행들은 차입 목적이 고객의 개인적인 사유보다는 사업 목표의 연장선에 있는 일반적인 기업금융대출을 수행한다. 은행의 예술품 담보대출에서는 예술품이 고객의 소유로 남아 있는 것이 일반적이며, 차입자 개인에 의해 보증된 상환청구 가능 대출과 같은 담보대출 구조의 기본적인 모델을 바탕으로 한다. 대출은 기본적으로 리보(Libor) 금리나 기본 금리에 1%p를 더한 정도인, 전통적인 은행 이자율 수준에서 결정된다. 대출한도와 대출기간은 1년에서 2년 사이이고, 대부분의 은행이 미술품 평가가치의 50% 수준까지 대출해준다.

씨티은행(Citibank), 뱅크오브아메리카(Bank of America), 에미그런트 뱅크 파인 아트 파이낸스(Emigrant Bank Fine Art Finance) 등의 은행은 예술품 담보대출 서비스를 우수 고객들에게 선택적으로 제공하고 담보로 제공된 예술품들을 고객이 보관할 수 있게 조치한다.

특히 씨티은행은 1979년에 만들어진 씨티예술자문 서비스(Citi Art Advisory Service)로 예술품 기반 담보대출을 최초로 제공한 은행이다. 씨티은행이 이런 서비스를 제공하게 된 계기는 당시 씨티은행의 상위 고객들 순자산의 상당 부분을 예술품이 차지하고 있어서였다. 씨티은행은 많은 고객이 규제는 적고 시장 규모 면에서 무시할 수 없는 시장인 예술 시장에서 거래하는 데 전문적인 금융 조언을 필요로 하고 있다는 것을 인지했다.

씨티은행은 자체적으로 전문성 있는 서비스를 제공하기 위하여 예술 전문가들을 고용했고, 이들이 고객들에게 예술품의 취득 · 판매와 소장품 관리에 대한 자문 서비스를 제공했다. 이들의 업무에는 담보로 제공된 예술품에 대한 자체적인 감정뿐만이 아니라 예술품이 보관되어 있는 현장에 직접 방문하여 적절한 관리가 이뤄지고 있는지 검증하는 것도 포함했다.

고객들의 미술품 대출에 대한 심사를 진행하는 은행원들은 예술품의 시장성과 가치를 고려하기는 하지만, 고객의 재정 건전성 평가에 더 높은 비중을 둔다. 자산을 담보로 하는 비은행대출기관이나 경매기관과는 다르게, 은행들은 고객이 대출을 상환할 수 없는 상황에 처하더라도 미술품을 매각하지 않으려 한다. 이런 이유로, 대출에서 중요한 것은 예술품의 판매 가격이 아닌 채무자의 상환 능력이다. 대출을 승인하기 위해서 심사자들은 차입자의 기초 자산들과 부채, 조건부 의무들을 평가한다.

은행 입장에서도 예술품을 담보로 한 대출이기는 하지만 미래에 가격이 어떻게 될지 예측하기 어려운 예술품의 매매가를 평가하기보다는 자신들의 전문성을 살릴 수 있는 신용대출과 같은 방식으로 접근하는 것이 더 유리하다고 보는 것이다.

예술품 담보대출의 활용

예술품 담보대출자들의 가장 큰 동기는 자금 조달의 필요성이기 때문에 구조적으로 예술품 담보대출은 브리지론과 비슷한 형태다. 그러나 종종 충분한 자금력을 확보하고 있는 개인들이 자신들이 소유한 예술품을 담보로 대출을 받는 데 관심을 가지기도 한다. 여기에는 여러 가지 이유가 있다. 먼저 소유하고 있는 예술품을 판매하지 않고 작품의 경제적 가치 증가에 따른 현금을 확보할 수 있다는 점이다.

예를 들어 소유한 작품의 가격이 20억 원 상승한다고 하더라도, 그냥 소유만 하고 있다면 작품이 소유자에게 아무런 경제적 이익을 가져다줄 수 없다. 그러나 가격이 상승한 예술품을 담보로 현금을 조달하면 예술품의 가격이 상승한 만큼 자금 조달 비용이 감소하거나 조달 금액을 더 늘릴 수 있다.

이렇게 예술품을 담보로 현금을 조달하는 이유는 다른 자산에 투자하여 추가적인 수익을 얻기 위해서다. 이런 구조는 예술품 판매 수익으로 인한 세금을 지불하지 않고도 유동성을 확보할 수 있고, 예술품을 매매할 때 지불해야 하는 높은 경매 수수료도 절약할 수 있다는 장점이 있다. 2010년대 들어 많은 헤지펀드와 사모펀드 매니저가 자신들이 보유하고 있는 예술품을 이용한 담보대출로 자금을 조달하고, 조달한 자금을 자신이 운용하는 펀드에 재투자하는 방식을 이용했다.

많은 딜러와 갤러리 소유주 또한 자신들의 사업을 성장시키고 관리하는 데 예술품 담보대출을 활용하기도 한다. 이런 종류의 대출 대부분은 은행의 상업대출 분야에서 기업금융대출로 설계된다. 여기서 은행가들은 갤러리의 현금흐름 및 보관하고 있는 예술품과 함께 매출을 평가해야 한다.

예술품 딜러들에 대한 대출은 대부분 프라이빗 뱅킹(private-banking) 영역에서 이뤄지는데, 딜러들의 개인 수집품이나 장기 보유 상품(예술품)들이 담보로 제공된다. 이런 대출들은 대부분이 현재 융통할 수 있는 현금이 많지 않지만 흔치 않은 예술품을 구매할 기회가 왔을 때 이를 구매하기 위한 자금을 마련할 때 쓰인다.

이런 대출은 만기가 도래할 때 작품이 팔리면서 자연스럽게 상환된다. 예술품 담보대출은 갤러리 사업을 위한 중요한 자금 조달 수단이기 때문에, 은행가와 갤러리 소유주 사이에 오랜 우호적 비즈니스 관계가 유지되는 것을 자주 볼 수 있다.

07
자금이 부족해도 예술품에 투자할 수 있다: 아트펀드

현대의 예술 시장은 21세기에 이르러 빠른 속도로 변화한 세계 경제에 영향을 받아 여러 차례의 혼란기를 겪었다. 이런 급격한 변화는 어떤 면에서는 투자자들에게 새로운 투자 기회를 제공하기도 했지만, 상대적으로 변화의 속도가 느렸던 예술 시장에 불안정성을 야기해 위험을 증가시키기도 했다. 그러나 변화의 중요한 원동력이 예술품 거래와 투자 메커니즘이 더욱 정교하게 발전하는 과정이었음을 고려하면, 이런 변화가 꼭 부정적이라고만 볼 수는 없다.

예술품에 투자하려는 수요의 증가로 탄생한 아트펀드

2008년 금융위기 때부터 시작된 세계 경제의 장기 침체로 대부분 국가에서 자본 시장에서의 기대수익률이 극단적으로 낮아졌으며, 기대수익의 불확실성인 위험도 줄어들지 않았다. 이런 뉴노멀의 시대에 투자자들은 위험 대비 수익률을 높일 수 있는 대체투자 자산을 지속적으로 찾았고, 주식이나 채권 등의 전통적 자산들과 상관관계가 낮은 예술품에 대한 관심이 높아졌다.

문제는 예술품이 일반적으로 가격이 굉장히 높기 때문에 한 번에 큰 금액을 지출할 수 있는 투자자가 아닌 이상 투자하기가 쉽지 않다는 것이다. 그래서 아트펀드와 같은 집합투자 수단에 대한 수요가 증가했다.

아트펀드는 고액의 예술품에 직접 투자할 정도로 여유가 있지는 않지만, 예술 시장이 제공하는 혜택은 누리고 싶어 하는 투자자들의 자산을 모아 전문 투자 인력이 대신 운용해주는 펀드를 말한다. 원칙적으로 아트펀드는 모든 예술품에 투자할 수 있는 펀드를 의미하지만, 미술품펀드를 일반화하여 아트펀드라고 부르기도 한다. 여기서는 편의상 미술품, 즉 시각예술 작품에 투자하는 펀드를 아트펀드라고 지칭하겠다.

아트펀드의 대표적인 예로 크리스티 출신의 필립 호프먼(Phillip

Hoffman)이 설립한 파인아트펀드그룹(The Fine Art Fund Group)의 'The Fine Art Fund I, II, III'를 비롯해 BNP 파리바(BNP Paribas)의 'BNP Paribas Fund', 'Fernwood Art Fund', 'China Fund' 등이 있다. 아트펀드의 장점은 예술 시장에 직접 뛰어들지 않고 전문가들이 운용하는 펀드에 투자함으로써 경비와 세금을 절감할 수 있다는 점이다. 그 외에도 개인 컬렉터 수준에서 소장하기 힘든 대작에 공동으로 투자할 수 있고, 예술에 대한 깊은 지식 없이도 예술 시장에 투자할 수 있다는 점을 들 수 있다. 또한 예술 시장에 더 많은 돈이 흘러 들어갈 수 있게 한다는 점에서 예술 시장의 발전에도 기여한다.

예술 시장은 상품 가격의 정확도가 불투명하고 거래가 자주 일어나지 않는 시장이다. 따라서 큰 위험을 감당할 수 없는 뮤추얼 펀드보다는 적격투자자(전문사모집합투자기구에 투자할 수 있는 자격을 가진 투자자)나 기관투자자를 주 고객으로 하는 헤지펀드 또는 사모펀드, 규모가 매우 큰 연기금과 같은 기관투자자들에게 더 적합하다. 특히 많은 헤지펀드가 지난 20년간 예술품 투자에 큰 관심을 보였고, 최근에는 예술품 투자를 전문적으로 다루는 펀드들이 다수 등장했다. 이런 펀드들의 주요 판매 포인트는 투자자들이 더 비싼 예술품들을 선택하는 데 더 넓은 선택의 폭을 제공하여 투자자들의 포트폴리오 가성비를 높이는 것이다.

아트펀드 사례: BRPF

아마도 세계적으로 예술품 투자에서 가장 성공한 펀드는 BRPF (British Rail Pension Fund)일 것이다. 1974년 BRPF는 운용하는 연금 투자 포트폴리오에 예술 작품을 일부 포함하면서 다각화를 시도했고, 분산 효과에 따른 수익률 향상을 추구했다. 1970년대 초반 영국 국철을 운영하던 회사들이 통합돼 국가관리산업으로 지정되면서 피고용인들의 연금 운용을 위해 BRPF가 설립됐으며, 영국에서 가장 큰 연금기금 중 하나로 성장했다. 1970년대의 금융 시장은 오랫동안 지속된 불경기로 인플레이션 대비 초과 수익률이 극단적으로 낮았다. 1973년 석유파동을 비롯해 이스라엘과 중동 국가들 간의 지속적인 전쟁이 직접적인 이해당사자 중 하나였던 영국의 경제에 부정적인 영향을 미쳤다. 이런 이유로 영국의 금융기관들은 투자 전략에서 새로운 패러다임을 수립하려 노력했다.

BRPF를 포함한 수많은 펀드가 펀드 일부를 기대수익률이 높고 기존의 주식이나 채권과 상관관계가 낮은 대체투자 상품에 투자하여 포트폴리오를 다양화하는 것이 바람직하다는 결론을 내렸다. BRPF는 1974년 후반에 대체투자 상품으로 예술 작품을 선택했다. 대체투자처로서 예술품은 여러 가지 장점을 가지고 있었다. 예술품은 국제적인 시장이 형성돼 있기 때문에 영국에서 어떤 예술품에 대한 수요나 공급이 없을 경우, 다른 나라의 예술 시장에서 수요나 공급을 찾을 수 있었다. 게다가 예술품은 종종 간접적인 외국환 투자의 편리한 방법으로 이용된다는 점 또한 매력적인 측면이었다. 이 시기 BRPF 펀드 자산의 가치 총액은 약 10억 파운드였다. 이 펀드는 연간 5% 성장을 목표로 했고, 퇴직하는 직원보다 새로 들어오는 직원이 더 많아 탄탄하게 운용되고 있었다.

1974년, BRPF 매니저들은 예술 작품에 투자한다고 결정했을 때 BRPF의 장기 목표를 달성하기 위해서 펀드 연간 현금흐름의 6%까지(대략 300만 파운드)를 예술품 투자에 할당하는 것이 적합하다고 판단했다. 실제로는 6% 이상의 자금을 예술품에 투자하던 시기도 있었지만, 이는 단기적으로 더 높은 수익을 내기 위하여 포트폴리오 안에서 예술품 비중을 변경한 것이었다.

예술품 구매는 주요 경매 회사와 딜러들로부터 이뤄졌고, 특정 장르나 시대의 예술품에 국한되지 않고 사들였다. 이는 수백만 파운드를 지출하는 펀드가 한 곳에서만 집중적으로 구매하거나, 한 장르나 시대처럼 제한적인 범주의 작품만을 구매할 경우 해당 거래와 관련된 주체들이 의도적으로 예술품의 가격을 변화시킬 수 있기 때문이다.

BRPF 매니저들은 예술품 전문가들에게 자문을 구하여 일곱 가지 핵심 컬렉션 주제를 정했고 이에 따라 작품을 구매 및 소유하여 균형 잡힌 컬렉션을 유지하고자 했다. 균형 잡힌 컬렉션 목표에는 금융적인 면보다 심미적인 면이 더 큰 영향을 미쳤다. BRPF가 구매한 미술품들이 특정한 주제 없이 개별 작품으로 존재하는 것보다 균형이 잘 잡힌 컬렉션으로 존재하는 것이 심미적으로 더 큰 가치를 지니기 때문이다. 그러나 심미적으로도 높은 가치를 지닌 예술품 컬렉션이 금융적 가치도 더 높을 수 있음을 고려한다면, 균형 잡힌 컬렉션은 금융적 측면에서도 긍정적임을 알 수 있다.

BRPF의 매니저들은 일관성 있는 예술품 컬렉션을 만들고자 하면서도, 시장에 저평가된 매력적인 가격의 예술품이 등장하면 자신들의 컬렉션 주제와 어긋나더라도 구매했다. 큰 틀은 미술사적 또는 미학적 가치가 뛰어난 작품들로 포트폴리오의 가치를 극대화할 수 있는 일관성 있는 예술품 컬렉션을 만드는 것이지만, 시장에 저평가된 좋은 물건이 나오면 단기적으로 예술적 접근이 아닌 금융적 접근을 추구한 것이다. 또한 아무리 많은 컬렉터가 열광하거나 인기 있는 작가의 작품이라고 하더라도 작품의 가격이 너무 높으면 투자 고려 대상이 아니었다. BRPF의 매니저들은 예술품 투자의 목적이 수익 창출에 있다는 것을 잊지 않았다. 그들의 목적은 위탁받은 자산의 효과적인 운용이지, 훌륭한 작품 수

집이 아니라는 것이다.

1980년 초 BRPF의 운용 인력은 자신들이 사들인 컬렉션이 충분히 예술적으로 가치를 지닌 것들로서 일관성을 갖추었고, 의미 있는 테마를 지니고 있다고 판단했다. 그에 따라 그해 초에 포트폴리오의 예술품 투자 전략을 재검토하고, 컬렉션의 부족한 부분을 완성하기 위해 몇몇 작품을 더 구매하고자 마지막으로 300만 파운드를 예술품 구매에 추가로 할당했다. 이후 BRPF는 예술품 구매를 중단했다.

이를 통해 우리는 BRPF가 명확한 예술품 투자 목표를 가지고, 예술품 투자가 펀드 전체의 투자 목적과 방향성에 해가 되지 않도록 지속적으로 투자 전략을 검토해나간 펀드라는 것을 알 수 있다. BRPF는 고전 거장의 채색화, 고전 거장의 소묘, 인상파 미술, 중국 예술 작품, 서적과 원고, 골동품, 중세/르네상스 예술 작품이라는 일곱 가지 핵심 주제의 예술품을 구입하는 데 76%를 할당했다. 그리고 나머지 24%를 저평가된 좋은 투자가 될 수 있는 작품이 시장에 나왔을 때 기회를 놓치지 않고 구매하거나 단기적인 트렌드에 맞추어 구매했다. 이런 기회주의적 투자가 성공적으로 이뤄지기 위해서는 예술 전문가들뿐만이 아니라 아트딜러들과 투자 전문가들의 역할 또한 매우 중요하다. 〈표 5-1〉은 BRPF의 미술품에 대한 자산 할당 비율을 보여준다.

BRPF는 1974년부터 1980년까지 6년 동안 대략 2,400개의 예술품을 구매했다. 당시 매우 혁신적인 시도였던 예술품 자산 운용 프로그램을 구상하고 실행하는 데 예술 시장 전문가의 도움이 필요했기 때문에 프로그램 전반에 걸쳐 소더비와 비즈니스 파트너 관계를 맺었다. 하지만 업계에서 안정적으로 자리 잡은 경매기관과의 파트너 관계는 잠재적 이해의 충돌이라는 문제에서 벗어날 수 없었다. 이에 BRPF는 예술품 구매 의사결정 과정과 펀드의 행

컬렉션	펀드 점유율(%)
고전 거장의 채색화	18.8
고전 거장의 소묘	11.1
인상파 미술	10.2
중국 예술 작품	10.2
서적과 원고	10.0
골동품	8.3
중세/르네상스 예술 작품	6.9
기타	24.0
- 고전 거장의 판화	2.0
- 일본 미술품	1.0
- 19세기 장식미술	2.0
- 유럽 대륙의 그림	2.0
- 영국 그림	2.0
- 가구	3.0
- 골동품(Vertu)	4.0
- 영국 은 세공품	2.0
- 기타	6.0

〈표 5-1〉 장르별 BRPF 자산 할당 비율

자료: Eckstein and Associates(2009)

정 업무 사이에 일정 거리를 두기 위해 구매 의사가 있는 예술품 선정의 실질적인 관리는 특별히 설립한 독립 중개 회사에 맡겼다. 이 중개 회사는 자체적으로 여러 예술 전문가를 고용했는데, 소더비가 아닌 다른 예술 관련 기관에 소속된 사람들이어야만 했다. 이들은 예술품 구매에 대한 소더비의 자문을 평가하고 예술품 판매 전략을 추천하는 역할을 했다. 이런 독립적인 중개 회사는 소더비의 잠재적 이해 상충 문제를 방지해주었고 소더비를 비롯한 여러 예술 전문기관 및 전문가가 BRPF에 객관적이고 실질적인 도움을 줄 수 있도로 해주었다.

1980년 BRPF가 예술 작품 구매를 중단하자 펀드에 고용됐던 큐레이터 비용과 작품 보관 보험료는 BRPF의 예술품 투자와 관련해 가장 큰 비용이 됐다. 이 비용을 감소시키기 위해 BRPF는 세계의 여러 미술관과 박물관에 작품을 대여해주었다. BRPF는 가지고 있던 예술품 중 30~40%를 영국과 미국의 미술관과 박물관에 대여했고, 이로써 예술품 유지 비용 중 상당 부분을 아낄 수 있었다. 더욱이 예술품을 미술관이나 박물관에 대여해줌으로써 BRPF가 소유한 작품이라는 노출할 수 있었고, 이는 궁극적으로 작품들이 판매될 때 잠재적 가치를 높이는 이점이 됐다.

원칙적으로 BRPF는 예술품을 장기 투자 목적으로 구매했다. 그런데 1983년에 포트폴리오를 재검토하는 과정에서 매니저들은 일곱 가지 핵심적인 수집 영역 밖에 있는 많은 작품을 판매해야 한다는 결론을 내렸다. 그리고 1987년 시장의 변화와 펀드의 세부 운용 목적 변화에 발맞춰 BRPF 운영진은 가지고 있는 예술품을 처분하기 시작했다. 이런 판매 결정은 원래 예상된 것보다 시점이 다소 일렀지만 1980년대 말 예술품의 가격이 지속적으로 상승하리라는 믿음을 바탕으로 이익을 극대화하기 위한 대처였다.

첫 번째 판매 대상은 거장들의 판화 컬렉션이었다. 이 작품들은 파손의 위험이 커서 전시나 대여가 어려웠다. 추가 수익이 발생할 수 없는 데다가 상대적으로 높은 관리비가 들었기 때문에 첫 번째 판매 대상으로 선정됐다. 판화 컬렉션은 1987년 6월에 경매로 판매됐다. 이들의 총원가는 60만 7,000파운드였고, 판매 수익은 약 200만 파운드로 알려졌다. 판화 컬렉션은 BRPF에 물가상승률을 웃도는 연간 약 11%의 내부수익률(IRR)을 제공했다. 물가상승률보다 높은 실질수익을 실현했다는 점에서 판화 컬렉션에 대한 BRPF의 투자는 성공적이라고 볼 수 있다. 첫 번째 판매로 만족스러운 결과를 얻은 펀드 운영진은 1980년대 후반과 1990년으로 접어드는 기간에 펀드가 보유 중인 나머지 컬렉션들의 후속 판매를 시도했다.

1990년대 초에 발생한 예술 시장 붕괴는 BRPF의 작품 판매 결정이 현명했음을 보여주었다. 이처럼 적절한 시장 참여 시기를 결정하는 데에는 예술 관련 전문가보다는 금융 전문 인력의 역할이 훨씬 컸다. 1980년대 중반부터 1990년대 초반까지 이뤄진 BRPF의 예술품 처분 과정을 통해서 예술 전문가와 금융 전문가의 효과적인 협력이 성공적인 투자를 불러온다는 것을 알 수 있다.

1990년 초 급격히 악화되는 예술 시장 상황을 고려하여 BRPF 운영진은 예술품 처분을 일시적으로 중단했고, 극소수의 작품만 꼭 필요한 경우에 판매했다. 예술 시장이 다시 활성화되고 예술품 거래 가격이 상승하기 시작한 1994년부터 BRPF는 포트폴리오 내의 작품들을 활발히 처분하기 시작했고, 2000년 12월에 모든 예술품의 판매를 완료했다. 예술품 처분에 따른 총수익은 168 파운드에 이르렀고, 총현금 내부수익률은 11.3%였으며, 인플레이션을 고려했을 때 연평균 실질수익률은 4% 내외였다.

공식적으로 BRPF는 자신들의 미술품 투자 목적이 동일 기간에 주식보다 더 높은 수익률을 내는 것이 아니라, 보유하는 동안의 인플레이션율을 넘어서는 것이었다고 밝혔다. 그럼에도 대부분 투자에서 본래 목적을 달성했을 뿐만 아니라, 포트폴리오 내에서 분산 효과를 유발하여 위험 대비 수익률을 높였다. 특히 인상파 화가들의 작품이나 중국 도자기류의 컬렉션은 동일 기간에 주식의 수익률을 크게 웃돌았다.

컬렉션	판매 시기	판매 장소	연수익률(%)
고전 거장의 채색화	1987.6	런던	11.0
영국 은 세공품	1987.11	런던	15.7
일본 미술품	1987.12	런던	구매 비용의 3배로 팔림
오세아니아 미술품	1988.7	런던	구매 비용보다 낮은 가격에 팔림
서적과 원고	1988.9	런던	8.7
유럽 대륙의 그림	1988.10	런던	11.4
유럽 대륙의 은 세공품	1988.11	제네바	14.1
프랑스 가구	1988.11	런던	11.6
인상파 미술	1989.4	런던	21.3
중국 예술 작품	1989.5	홍콩	15.4
아프리카 부족 예술품	1989.7	런던	4.1
초기 중국 도자기	1989.12	런던	15.8
금으로 만든 예술 작품	1990.5	제네바	12.9
19세기 유럽 대륙의 그림	1990.6	런던	14.6
19세기 빅토리아 예술품	1990.6	런던	17.6

〈표 5-2〉 BRPF 컬렉션 수익률

그러나 마냥 성공적인 것만 같은 BRPF의 예술품 투자도 사후적으로 더 자세히 들여다보면 보완해야 할 점이 보인다. 처음에 세웠던 엄격한 구매 기준이 느슨한 관리, 경험 부족, 예술 전문가의 과도한 판매 추천과 같은 요인들 때문에 잘 지켜지지 않았다는 것이 그중 하나다. 예를 들어 1978년에 이르러서는 이미 펀드가 보유하고 있는 예술품들이 과도하게 분산되어 있었고, 구매 상한액으로 지정됐던 130만 파운드를 훨씬 넘는 820만 파운드를 지출했다. BRPF에 예술품에 대한 자문을 하던 전문가들이 원래 목표로 했던 7개의 테마를 완성하기 위해서는 미술품에 대한 초기 설정액이 너무 적다고 주장했기 때문이다.

또 다른 예로, 7개의 주요 컬렉션과 다수의 작은 컬렉션에 분포되어 있는 2,400여 개의 개별 작품들에 대한 관리 비용이 너무 높아 이것이 투자수익률에 악영향을 주었다는 점이다. 가치가 낮은 작품들은 재판매를 통해 얻을 수 있는 잠재적인 수익에 비해서 유지 · 관리 비용이 상대적으로 더 크기 때문에 관리비가 적은 작품들을 우선적인 투자처로 고려해야 했지만, BRPF에 자문하던 예술품 구매 전문가들은 이런 점을 전혀 고려하지 않았다. 게다가 BRPF는 사후 분석을 통해 자신들이 너무 많은 작품을 보유했다는 것을 알게 됐다. 전체 작품 중 50개만이 25만 파운드 이상의 가치를 지닌 것이었다.

BRPF가 구매한 컬렉션들의 사후 평가를 통해서 아트펀드 운용에는 미술품 관리비를 포함한 비용적 측면이 아주 중요하다는 것, 그리고 이런 의사결정을 할 수 있는 금융 전문 인력의 역할이 매우 중요하다는 것을 알 수 있다.

BRPF에서 무엇을 배울 수 있을까?

BRPF의 예술품 투자는 최초 구매 시점부터 최종 판매 시점까지 30년이라는 시간이 걸렸다. BRPF의 운용 방식은 완벽하지 않았지만, BRPF의 예술품 투자 사례는 오늘날까지도 가장 성공적인 아트펀드 운용 사례로 손꼽힌다. BRPF가 성공적일 수 있었던 이유는 다음과 같다.

- BRPF는 예술품에 투자하는 데 명확한 투자 목표와 범주를 설정했다. 명확한 투자 목표와 범주는 성공적인 운용에 가장 중요한 요소 중 하나다.
- 펀드 매니저들이 예술 시장을 잘 알고 있는 다수의 예술 시장 전문가를 고용했고, 이들의 책임과 권한의 범주를 명확하게 설정했다. 잘 알지 못하는 새로운 시장에 투자하는 데는 그 시장을 잘 알고 있는 전문가들의 도움이 필수적이다. 다만 이런 전문가들은 펀드 매니저들이 수립한 펀드 운용 목표와 다른 방향성을 가지고 움직일 수 있다. 그러므로 펀드의 운용은 결국 금융 전문가들의 몫이 되어야만 하는데, BRPF는 예술 시장 전문가들의 업무 영역을 확실히 함으로써 성공적인 펀드 운용을 이끌었다.

- 특수목적회사(Special Purpose Company, SPC, 금융기관에서 발생한 부실채권을 매각하기 위해 일시적으로 설립된 회사로, 채권 매각과 원리금 상환이 끝나면 자동으로 없어지는 일종의 페이퍼 컴퍼니)라는 장치를 통해 주요 자문기관인 소더비가 가질 수 있었던 잠재적 이해 충돌에 대한 우려를 없앴다.
- 예술 시장 활성화나 작가 지원 또는 펀드의 이미지 향상처럼 펀드의 고유 목적과는 상관없는 이유에서가 아닌, 전통적인 주식이나 채권 투자를 통해 투자자들이 원하는 수익률을 달성할 수 없다는 내부적인 필요성에 따라 예술품 투자가 결정됐다. 연금기금이나 규모가 큰 펀드는 드물긴 하지만 종종 외부적 필요성에 따라 투자결정이 내려지는 경우가 있다. BRPF의 예술품 투자는 영국 자본 시장 붕괴로 인한 BRPF의 필요에 따라 이뤄졌기 때문에 합리적인 펀드 투자자들만을 위한 투자결정이 내려질 수 있었다.
- 예술품을 구매하고 판매하는 문제에 대해서는 전문 인력이 시장과 경제 상황에 맞춰 최종적으로 결정했다. 펀드를 통한 예술품 투자도 투자자들에게 적합한 위험 대비 기대수익 확보가 운용의 최종 목적임을 고려할 때, 투자와 관련된 모든 사안에 대해 최종적으로는 금융 전문 인력이 결정을 해야만 한다.

- 예술품 투자의 가장 큰 장점은 예술 자산의 수익률이 다른 금융자산들의 수익률과 매우 낮은 상관관계를 가지고 있다는 점이다. BRPF는 예술품 투자를 통해 매우 높은 수익률을 달성하는 것을 목표로 하지 않고, 인플레이션 대비 실질 수익률 달성과 다른 자산들과의 분산 효과를 목표로 했기 때문에 미술품에 과도한 자산 비율을 할당하지 않았다.

08

20세기 후반 예술 시장이 주는 교훈

과시욕 때문에 '폭망'한 일본 컬렉터들

20세기 예술 시장의 마지막 호황은 1980년대였다. 1980년대 예술 시장 호황에 고무된 부유한 일본 컬렉터들은 유럽 인상파와 후기 인상파 작품을 적극적으로 구매했고, 은행들 또한 예술 시장에 참여하면서 담보로 제공받은 예술품들에 감정가보다 훨씬 높은 가치를 책정하여 대규모 대출 포트폴리오를 구성했다.

가치추정이 이뤄지는 동안 작품의 거래 가격이 크게 주목받았다. 금전적 이익과 투자자들이 보고 싶어 하는 장밋빛 미래에 대한 기대는 기존의 보수적인 컬렉터들을 시장에서 멀어지게 했고,

과열된 시장에서 예술품들의 가격은 1년도 안 돼 2배로 뛰기도 했다.

이런 가격 폭등으로 갑자기 모든 사람이 예술품 딜러 또는 예술 관련 컨설턴트와 전문가가 됐으며, 이들은 예술품을 거래하는 데 개입하여 단기적으로 높은 수익률을 올리고자 했다. 시장의 열기는 고조됐고 가격은 전례 없는 수준으로 높아졌다.

회의론자들은 1980년대 미술 시장을 17세기 네덜란드에서 일어난 튤립 열풍에 비유했다. 이들은 튤립이 부자들에게 만족감을 줄 수 있는 기호품임에는 틀림없지만, 작은 마을 하나가 벌어들이는 소득만큼의 어마어마한 가격으로 거래될 가치는 없다고 생각했다.

1990년대에 들어서 일본 경제가 장기 침체로 들어선 이후, 대출을 받아 예술품을 샀던 사람들은 대출받은 돈을 갚지 못했다. 결국 그들이 사들인 예술품은 일본의 대출기관, 그리고 최종적으로는 일본 정부에 흡수됐다. 대출기관의 의뢰로 경매에 부쳐진 예술 작품들은 몇 년 전 가격보다 훨씬 싼 가격에 팔려나갔고, 그동안의 높은 가격은 거품이었다는 것이 드러났다.

일본의 컬렉터들이 열정적으로 유럽의 대표적인 작품들을 수집한 이유는 자신들이 부유하다는 것을 보여주려는 과시 행위였다. 그것이 과도한 지출로 이뤄졌다는 것은 1980년대 예술 시장의 호황과 침체를 설명하는 재미있는 부분이다.

예술과 금융 시장 사이의 교류 증가는 일본의 컬렉터들이 유럽 인상파 화가들의 작품 시장에 가격 폭등을 일으킨 것처럼, 한 나라의 경제가 과열됐을 때 다른 나라의 예술 시장을 과열시키는 단점을 만들어낼 수 있다.

자칫 사라질 뻔했던 고흐와 르누아르의 작품

다이쇼와(Daishowa) 종이 제작 회사 회장 료에이 사이토(Ryoei Saito)의 일화를 보자. 1990년 사이토는 뉴욕 소더비 경매에서 빈센트 반 고흐(Vincent van Gogh)의 〈가셰 박사의 초상(Portrait of Dr. Gachet)〉을 8,250만 달러에, 피에르 오귀스트 르누아르(Pierre Auguste Renoir)의 〈갈레트의 무도회(Au Moulin de la Galette)〉를 7,810만 달러에 구매했다.

사이토는 이 작품들을 금고에 넣어두고 자신이 허락한 소수의 사람들만이 볼 수 있게 했으며, 여기서 그치지 않고 자신이 죽으면 이 작품들을 자신과 함께 화장하게 하겠다고 발표했다. 그의 발표는 예술계의 공분을 샀다. 다행히도, 그의 사후에 이 작품들이 대출 담보로 설정돼 일본은행이 소유권을 가지면서 작품은 보호받을 수 있었다.

〈그림 5-6〉 빈센트 반 고흐의 〈가셰 박사의 초상〉

예술품을 자본의 논리로만 따진다면 자칫 이런 불상사가 발생할 수 있다. 작품의 소유자가 료에이 사이토라는 점에는 이의를 제기할 수 없지만, 그렇다고 하더라도 그가 인류의 예술적 유산을 없애버릴 권한까지 가졌다고 할 수 있는지는 생각해봐야 할 문제다.

일본 컬렉터들이 주도한 1980년대 예술 시장의 호황과 1990년대 불황은 예술품의 부적절한 가치평가가 가장 큰 문제점이었고, 대출기관의 주의가 반드시 필요하다는 것을 깨닫게 해주었다. 미술품의 적절한 가치평가에는 계리적 예측을 넘어서는 직관적인 이해가 필요하다. 시대가 흐름에 따라 사람들의 취향도 변하기 마련이다. 모든 사람이 지속적으로 매력을 느끼는 예술품은 많지 않다. 이런 트렌드가 완전히 예측 불가능한 것은 아니지만, 트렌드를 예측하기 위해서는 전문성과 예술계에 대한 깊은 이해가 필수적이다.

NFT

NON
FUNGIBLE
TOKEN

CHAPTER

6

NFT가 풀어야 할 과제

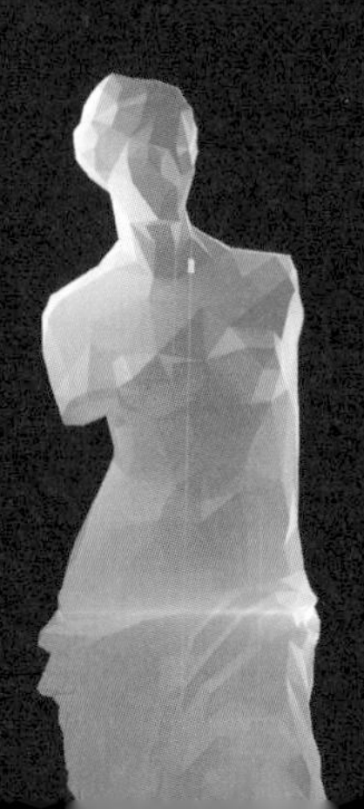

01

NFT는 기술적으로 어디까지 신뢰할 수 있을까?

기술적 이슈

NFT는 블록체인에 저장되지 않는다

대부분의 자료가 마치 작품이 NFT에 저장되는 것처럼 이야기한다. 나도 지금까지 의도적으로 그 표현을 사용해왔다. 이런 표현에 독자들이 이미 익숙해져 있는 마당에 NFT의 개념을 설명하면서 잘못된 부분들까지 지적하다 보면 원활한 이해를 방해할 수 있기 때문이다. 이제 NFT가 어떻게 기록되고 NFT상에서 정확히 어떤 정보가 저장되는지를 알아야 할 때가 왔다.

'NFT에 디지털 작품을 저장한다'를 기술적으로 풀어 쓰면, '특정 서버에 디지털 작품의 파일을 저장해놓고 NFT에는 그 파일에 접근할 수 있는 링크와 해당 NFT 파일에 대한 소유권의 정보를 저장한다'가 된다. 이 문장을 읽은 당신의 머릿속에는 아마도 수많은 물음표가 날아다니고 있을 것이다.

그렇다. NFT는 디지털 증서에 불과하다. 실제 파일이 저장되는 것이 아니다. 실제 파일은 그냥 외부 서버에 저장되어 있다. 상식적으로도 이렇게 될 수밖에 없는 것이, 1기가바이트 용량의 디지털 영상을 이더리움 블록체인상에서 발행하고 거래하기 위해서는 엄청나게 많은 전력이 필요하기 때문이다. 결국 NFT는 디지털 예술품이 아니라 디지털 예술품을 소유하고 있다는 증서인 것이다.

NFT로 발행된 디지털 콘텐츠를 구매한 사람이 디지털 콘텐츠 자체를 보유한 경우는 드물다. NFT는 블록체인 시스템에 기록된 '작품에 대한 소유권 증명서'라고 보는 것이 더 적절한데, NFT로 발행된 디지털 콘텐츠는 보통 블록체인 네트워크가 아니라 별도의 공간에 따로 저장되기 때문이다. 이 별도의 공간은 클라우드 서버일 수도 있고, '분산형 저장 파일 시스템(분산형 파일 시스템에 데이터를 저장하고 인터넷으로 공유하기 위한 프로토콜)'이라고 불리는 곳일 수도 있다.

NFT를 왜 별도로 저장할까?

NFT로 발행된 콘텐츠를 블록체인에 저장하지 않고 별도의 공간에 따로 저장하는 이유는 무엇일까? 디지털 콘텐츠를 통째로 NFT로 발행하기에는 아직 기술적인 문제들이 남아 있기 때문이다.

블록체인 시스템에 콘텐츠를 같이 저장할 경우 기록해야 할 데이터 규모가 급격히 늘어나 어마어마한 양의 가스비를 지불해야 한다. 처리해야 하는 데이터양이 많아짐에 따라 블록체인 시스템의 거래처리 속도도 느려진다. 그뿐만이 아니라 NFT로 발행되는 파일 규모가 클 경우, 디지털 콘텐츠를 블록체인 시스템에 인코딩하는 과정에서 원본 데이터가 손상될 가능성도 있다. 그래서 원본 디지털 콘텐츠를 따로 저장할 공간이 필요하다.

결국 NFT로 발행된 것은 콘텐츠에 대한 정보, 콘텐츠에 접근할 수 있는 링크, 콘텐츠 설명, 콘텐츠 활용 라이선스 계약 내용 등이 담긴 하나의 기록일 뿐이다. 물론 소유물에 대한 소유권 증명 기록 자체가 가치가 없는 것은 아니다. 실제로 부동산을 거래할 때도 마찬가지다. 매매 계약을 할 때 거래 당사자들은 소유권 증명서를 거래할 뿐 부동산 실물을 옮겨서 가져가지 않는다. 소유권 증명을 가진 부동산 소유자는 자신이 원하는 방식대로 부동산을 꾸미고, 홍보하고, 처분할 수 있다. NFT도 이런 맥락에서 이해하려는 시도가 있다.

그러나 부동산 소유권과 디지털 콘텐츠에 대한 소유권은 관리 주체가 다르다. 부동산은 정부가 '등기'라는 형태로 권리를 인정한다. 소유권을 비롯한 각종 분쟁이 발생할 경우, 법적 절차에 따라 국가가 나서서 상황을 정리한다. 즉, 부동산의 소유권 거래 이면에는 소유권을 보증하는 국가 기관에 대한 신뢰가 존재한다.

그에 비해 NFT를 비롯한 블록체인 시스템에는 소유권에 대한 권리를 보증해주거나 분쟁이 발생했을 때 상황을 조율할 수 있는 주체가 존재하지 않는다. 블록체인 생태계에서 분산화된 의사결정을 바탕으로 결론을 이끌어내는 알고리즘을 만들 수 있을지는 모르겠으나, 지금까지의 발전 수준 및 기술력으로는 가능해 보이지 않는다.

독립적인 공간에 디지털 콘텐츠가 저장되어 있다는 사실도 문제다. NFT로 발행된 디지털 콘텐츠가 독립적으로 보관된 공간이 클라우드 서버라면, 그 서버를 관리하는 기업이 파산할 경우 NFT로 발행한 콘텐츠가 사라질 수도 있다. 이때 NFT 보유자는 사라진 콘텐츠에 대한 소유권을 쥐고 있는 격이 된다.

기술의 신뢰성 VS. 서비스의 신뢰성

NFT가 블록체인을 기반으로 한다는 점을 바탕으로 우리는 앵무새처럼 되뇐다.

'NFT는 신뢰할 수 있고 해킹할 수 없으며 안전하고 투명하다.'

정말 그럴까? 사실 우리는 이 문제의 답을 이미 알고 있다.

NFT 기술의 신뢰성은 블록체인에서 오므로, 블록체인 기술의 신뢰성에 대해 먼저 고찰해보자. 블록체인은 해킹할 수 없을까? 당연히 아니다. 블록체인은 해킹 가능하다. 해킹되지 않는 기술이 존재한다는 것이 상식적으로 말이 되나? 상식적으로 이상한 이야기는 일단 의심해봐야 한다.

블록체인 기술로 만들어진 플랫폼은 당연히 해킹할 수 있다. 그러면 왜 해킹이 안 된다고 할까? 그 이유는 해킹하는 데 드는 비용이 크기 때문이다. 블록체인 기술의 특성상 해킹의 타깃이 되는 시점 이후 쌓여 있는 모든 거래 기록을 역으로 풀어놓아야 원하는 시점의 기록을 바꿀 수 있기 때문에 비용이 너무 많이 든다. 그러니 해킹할 경제적 유인이 없는 것이다.

바꿔 말하자면, 충분한 경제적 유인이 있으면 해킹할 것이라는 이야기다. NFT는 작품 하나의 단가가 매우 높을 수 있고, 따라서 NFT 거래는 해킹의 위험이 없다고 이야기하기는 어렵다.

NFT라는 디지털 자산의 특성 탓에 NFT 기술을 완벽히 신뢰하긴 어렵다.

백번 양보해서 블록체인을 기반으로 한 NFT 기술은 신뢰할 수 있다고 하더라도, 거래소나 특정 서비스의 품질까지 신뢰하기는 어렵다는 문제가 또 존재한다. 예술품의 거래 이력이 아무리 잘 추적된다고 해도 추적할 가치가 없는 예술품이라면 기술력을 낭비하는 꼴이 된다. 원본성을 보증하는 기술은 그 원본성의 가치가 높음을 증명할 수 있을 때만 유효하다.

특히 디지털 예술 부문에서 NFT의 원본성과 신뢰성에 대한 논쟁이 계속 이어지고 있다. 2021년 초 디지털 예술가 트레버 존스(Trevor Jones)는 자신의 작품 〈사토시(Satoshi)〉가 저작권에 대한 협의 없이 NFT 거래소 플랫폼 오픈시에 게시되어 있는 것을 발견했다. 다른 누군가가 허락 없이 자신의 작품을 NFT로 발행해 판매를 시도한 것이다. 존스는 오픈시에 이 사실을 알렸고, 오픈시 측은 빠르게 대응하여 문제의 소지가 있는 작품을 삭제하도록 조치했다.

그러나 이후 관련된 사건이 또 한 번 터졌다. 이번에는 NFT 거래소 크로스(Cross) 플랫폼에서 문제가 발생했는데, 여기에 등록된 작품 중 48개가 표절인 것으로 드러났다. 기존 작품들은 원래 BCA(BlockCreateArt)와 협업 중인 아티스트들의 작품로, BCAEX

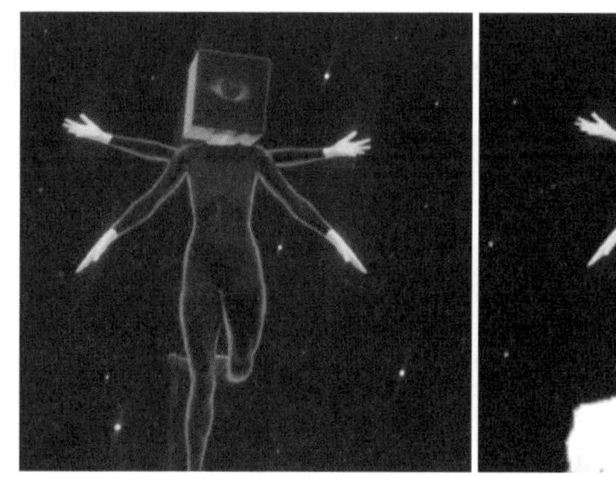
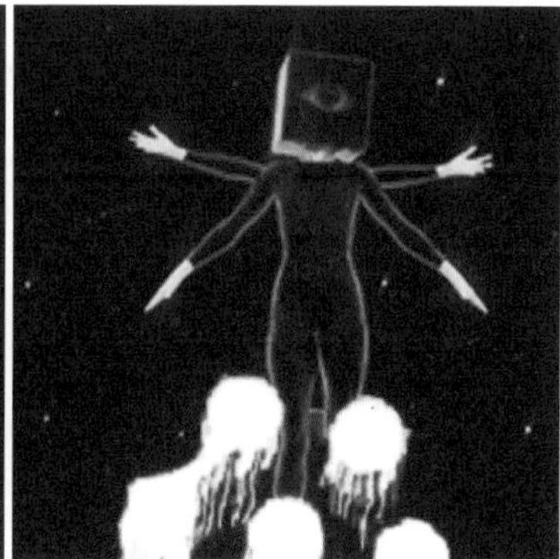

〈그림 6-1〉 크로스 플랫폼과 BCA 사이에서 발생한 표절 논란 작품
왼쪽이 에바 밀카가 제작한 '마법사'이고 오른쪽이 모조품이다.
자료: 〈매일경제〉, "NFT 디지털 예술품 잇따른 표절 논란…해결 방안은?", 2021.3.26

플랫폼에 등록돼 있었다.

문제는 크로스 플랫폼 측의 대응이었다. 크로스는 표절에 연루된 작품을 내리지 않겠다고 밝혔고, '탈중앙화된 플랫폼'에서 개인이 올린 작품을 거래소가 마음대로 삭제할 권한이 없다고 주장했다. 그리고 표절 사건이 발생한 이후 홈페이지를 '베타 버전'이라고 표시했다.

NFT 예술품에 대한 표절과 거래 플랫폼 간 갈등의 본질은 'NFT 발행 권한'의 문제다. 오픈시, 크로스, 라리블 등의 NFT 거래소에서는 디지털 콘텐츠를 NFT로 발행할 수 있는 권한이 플랫폼 참여자들에게 주어진다. 그러다 보니 양산되는 NFT 콘텐츠에 대한 검수가 이뤄지기 어렵다.

반면 톱샷, 엑시인피니티, 슈퍼레어 등의 플랫폼은 콘텐츠 관리 주체가 NFT 거래 플랫폼 기업이다. 이들이 중앙화된 서비스를 제공한다고 보는 것이 적절하다. 거래 이력을 증명하는 방식에서 블록체인 기술을 사용하는 것일 뿐이다. NFT 기술의 등장은 거래 이력을 증명하는 방식이 분산화된 것이지, 플랫폼에서 벗어나 서비스를 신뢰할 수 있는 거래 환경이 구축됐다는 의미는 아니다.

NFT 발행 권한의 차이는 탈중앙화된 거래 환경을 구축하고자 만들어진 블록체인 시스템의 등장 배경과도 연관된 주제다. 발행 권한이 플랫폼 참여자에게 주어져야 제대로 된 탈중앙화가 가능해지기 때문이다. 그러나 발행 권한의 차이는 근본적으로 소유권과 라이선스 계약 사이에서 충돌을 일으키는데, 이는 이후 '규제적 이슈'에서 다루고자 한다.

현재까지는 NFT의 인기가 치솟음에 따라 NFT 예술품이라는 꼬리표를 달고 작품이 무차별적으로 양산되는 경향을 보이고 있다. 이런 시장 환경에서 NFT 마켓 플레이스 슈퍼레어는 수준 높은 아티스트의 예술품만을 거래할 수 있는 시스템을 구축함으로써 품질에 대한 신뢰도를 높이고 있다.

블록체인을 기반으로 한 NFT 기술도 거래 기록에 대한 신뢰만을 보증하기 때문에 그 외적인 부분에 대한 보완이 필수적이다. NFT 기술이 발전함에 따라 산업 내 경쟁은 오히려 기술 외적인 부분에서 진행될 가능성이 커 보인다.

기술적 이슈에 대해 우리는 어떻게 접근해야 할까?

현대 인류는 비판적 사고에 매우 익숙하다. 인터넷상에 떠도는 엄청나게 많은, 하지만 검증되지 않은 정보의 홍수 속에서 누가 어떤 이야기를 하건 그 말이 맞는지 검증해보고 따져보는 데 뛰어난 역량을 보인다.

그런데 유독 블록체인과 가상자산 관련 주장들에 대해서는 무작정 신뢰하는 사람들이 많은 것 같다. 믿고 싶은 것인지 믿음을 강요당한 것인지는 모르겠지만 말이다. '블록체인 기술은 해킹이 불가능하다'라는 이 한마디가 2017년 우리 사회에 가져온 파장은 엄청났다. 대부분의 제대로 된 컴퓨터 공학자는 이것이 말이 안 된다고 주장했다. 하지만 대중과 매체, 심지어는 정부기관들까지도 블록체인 기술을 이용하면 안전하다는 이야기를 무비판적으로 받아들였다.

NFT도 마찬가지다. 대부분의 기사나 인터뷰가 NFT는 블록체인을 이용하기 때문에 기술적으로 신뢰할 수 있다고 이야기한다. 하지만 최소한 이 책을 읽은 당신은 이런 주장을 비판적으로 생각해볼 수 있을 것이다.

02
가상세계는 현실세계의 룰을 어떻게 지킬 수 있을까?
규제적 이슈

NFT는 디지털 자산에 대한 소유권을 뜻하므로, 한마디로 하자면 권리라고 할 수 있다. 권리는 기술적으로 정의되거나 보장받을 수 있는 개념이 아니다. 법으로 정의되고 보장 및 보호받는 사회적 합의다. 따라서 NFT를 블록체인이라는 기술에 제한되지 않는 사회현상으로 봐야 한다. 'NFT는 권리'라고 주장하는 새로운 물건 또는 계약과 관련하여 지금 우리가 살아가는 세계가 작동할 수 있는 근간이 규제라는 보호망 아래 어떤 문제점을 마주할 수 있는지 알아보자.

규제적 환경: 저작권 VS. 소유권

NFT 거래를 설명하는 가장 흔한 방식은 '디지털 자산에 대한 소유권 거래'다. 그러나 이 문구는 법적으로 상충하는 관계를 내포하고 있다. 소유권이란 기본적으로 물건을 직접 지배하여 배타적 이익을 얻는 권리인 물권(物權)에 해당한다. 따라서 소유자가 자유롭게 사용 · 수익 · 처분할 수 있어야 한다. 그러나 NFT는 디지털 콘텐츠에 대한 권리라는 측면에서 저작권에 해당한다. 저작권은 복제권 · 동일성유지권 · 배포권 · 대여권 등 다양한 권리로 구성된 권리 다발이며, 거래할 경우 소유권보다 훨씬 복잡하다.

소유권은 특정한 물권에 해당한다. 이를 디지털 콘텐츠에 적용하면, NFT라고 불리는 자산의 법적 지위가 명확하지 않다. 이해관계자 사이에 법적 분쟁이 발생했을 때 사건이 정리되는 절차도 불명확하다.

기본적으로 지식재산권은 라이선스 형태로 이용 계약이 체결되는 것이지 거래를 통해 소유권을 이전하는 개념과는 다르다. 소유권이란 소멸시효가 없는 항구성(恒久性)을 가진 권리이지만, 저작권은 기본적으로 보호 기간이 설정된 권리다. 또한 저작권 내에서도 공표권(저작물을 공표할 것인가 공표하지 아니할 것인가를 결정할 수 있는 권리) 및 동일성유지권(저작자가 저작물의 내용 · 형식과 제호의 동일성을 유지할 권리) 같은 권리는 전달할 수 없는 저작인격권에 해당한다.

따라서 창작자가 타인에게 저작권을 넘기면 저작권을 인도받은 사람의 권리는 제한적이지만, 소유권을 넘기고 나면 물건을 인도받은 사람이 물건을 활용하는 방식에 대해서는 (위법이 아니라면) 제한을 받지 않는다. 주로 저작권법의 지배를 받는 디지털 자산에 대해 소유권을 적용하려고 하면 두 권리 사이에 충돌이 발생하게 된다.

NFT를 소유권이라고 주장하는 배경에는 블록체인 기술과 ERC-721의 속성이 있다. NFT로 발행된 예술품은 일단 발행되고 나면 복제 가능한 디지털 콘텐츠에 대체 불가능한 고유성이 부여되고, 블록체인을 활용하기 때문에 탈중앙화된 시스템에서 자유롭게 거래할 수 있기 때문이다. 또한 메타버스라고 불리는 공간에서 NFT 보유자는 NFT를 활용할 수도 있다. NFT 기술을 통해 디지털 콘텐츠가 소유권에 해당하는 속성 일부(자유롭게 처분 및 사용)를 갖게 되고, 디지털 공간에서 자유롭게 복제되어 원본의 의미를 잃어버리는 저작권의 속성도 일부 제거할 수 있다.

그러나 NFT 기술을 통해 물권의 속성을 일부 갖는다고 해서 동시에 권리가 발생하는 것은 아니다. 권리는 입법적인 절차를 통해 형성되는 것이며, 권리가 명확하지 않은 거래는 합의를 통해 결정된 상호작용 방식을 벗어나기 때문에 규제 대상이 된다.

규제되지 않을 경우 기존 시장질서에 혼란을 일으켜 안정적인 거래 환경을 훼손할 수 있기 때문이다. 합의가 도출되지 않고 법적 성격이 불명확한 거래에 권리(소유권)를 부여하려는 시도는 인위적으로 시장 수요를 조성하려는 기만행위에 해당한다.

일례로 NFT를 활용한 게임 엑시인피니티의 경우, NFT로 발행된 캐릭터를 게임 내에서 가지고 있는 사람에게는 제한된 라이선스만 부과된다. 엑시인피니티의 캐릭터를 공식적으로는 활용할 수 없으며, 비영리 목적으로 2차 저작물을 만드는 것만 허용된다. 또한 엑시 캐릭터로 벌어들일 수 있는 최대 수익 규모는 1만 달러로 제한된다.

이는 물건 소유권의 법적 성질, 즉 사용 가치와 교환 가치를 전면적으로 지배할 수 있는 전면성(全面性)을 인정하지 않는 것이다. 따라서 게임 플레이어들은 NFT를 구매하더라도 소유권을 갖게 된다고 보기 어렵다. 이처럼 NFT 구매자의 권리는 소유권이라고 홍보되는 권리와는 다른 형태를 보이는데, 이는 슈퍼레어나 톱샷 등 NFT 기반 생태계에서도 마찬가지다.

기술과 법의 충돌: 리디지 사례

저작권자는 저작물의 최초 판매에 대한 권한을 가지고 있다. 다만, 자신의 창작물이 합법적인 절차를 통해 CD나 책 등 실물 형태로 판매된 후에는 구매자가 실물을 재판매하는 것을 저작권자가 막을 권리는 없다. 이를 '최초 판매의 원칙(First sale doctrine)' 또는 '권리 소진의 원칙'이라고 한다.

문제는 디지털 기술의 발전에 따라 최초 판매의 원칙을 적용하기 어려운 상황이 지속적으로 생겨난다는 것이다. 이런 논쟁은 특히 디지털 미디어에서 많이 발생한다. 디지털 미디어의 특성상 저작물을 업로드 · 다운로드 · 전송하는 과정에서 기술적으로 콘텐츠의 복제(재생산)가 일어나는데, 콘텐츠 재생산에 대한 권리가 저작권자에게 있기 때문이다. 디지털 기술의 이런 속성 때문에 음반을 비롯한 각종 디지털 매체 시장은 스트리밍을 중심으로 형성되어왔다.

디지털 콘텐츠를 온라인으로 거래하면 최초 판매의 원칙이 적용되기 어렵다는 견해가 자리를 잡을 무렵, 리디지(ReDigi)라는 기업이 혁신적인 기술을 내놓았다. 2009년에 설립된 이 기업은 '뮤직 매니저'라는 소프트웨어를 통해 디지털 창작물의 온라인 거래도 최초 판매의 원칙을 적용받을 방법을 고안했다.

뮤직 매니저는 먼저 판매하고자 하는 디지털 콘텐츠가 합법적으로 구매됐는지 확인한다. 검사를 통과한 콘텐츠 파일은 작은 데이터 블록 형태로 해체되고, 이렇게 해체된 데이터 블록은 콘텐츠 보유자 컴퓨터의 임시저장 공간(buffer)으로 옮겨진다. 이때 콘텐츠 보유자의 컴퓨터에서는 원본 디지털 파일이 사라지고, 임시저장 공간에 블록으로 저장된 데이터 파일이 리디지의 서버로 옮겨져 디지털 파일을 재조립한다. 이런 과정을 통해 하나의 디지털 파일이 동시에 존재하지 않도록 함으로써 복제를 통해 저작권자의 권리를 침해할 상황을 피해 갈 수 있었다.

그런데 아이튠즈를 통해 음원을 판매하던 몇몇 기업이 리디지가 사실상 복제권을 침해하고 있다고 소송을 제기했다. 원고 측은 디지털 파일의 업로드와 다운로드 과정에서 어떤 기술이 사용됐든 간에 복제품을 생성했다고 지적했다. 또한 최초 판매의 원칙이 '법적으로 인정되지 않는 경로로 디지털 콘텐츠를 재생산하는 것'을 정당화하기 위해 존재하는 것은 아니라고 주장했다.

법원은 최종적으로 원고 측의 디지털 콘텐츠 재생산에 대한 해석을 수용했고, 디지털 콘텐츠의 판매가 최초 판매의 원칙을 적용받기 위해서는 디지털 콘텐츠가 담겨 있는 디바이스(컴퓨터 또는 USB)를 통째로 넘겨야 한다는 결론을 내렸다. 디지털 파일 자체는 최초 판매의 원칙이 적용될 수 있는 실물이 아니기 때문이다. 또한 법원은 리디지를 비롯한 뮤직 매니저 소프트웨어의 기술을 옹호하는 사람들의 근거가 설득력이 있다면, 그들이 주장을 펼쳐야 할 곳은 법원이 아니라 의회라고 일축했다.

이런 법원의 판결은 굉장히 큰 의미가 있다. NFT가 아무리 신기술을 적용하고 디지털 세계에서 구현된다고 하더라도 현실에서의 룰은 지켜야 한다는 의미이기 때문이다. 디지털의 세계는 현실과는 단절된 완전히 새로운 세계가 아닌 현실의 연장선상에 있으며, 디지털 경제 환경 또한 현실의 규칙에서 벗어날 수 없다는 의미다.

현재 NFT도 기존의 법체계와 모순되는 부분이 일부 존재하는데, 리디지에 대한 판결은 기술력의 발전만으로 법적 정당성을 확보하고 시장질서의 변화를 이끌어낼 수 없다는 것을 암시한다. NFT도 기술적 특성을 활용해 디지털 자산에 '소유권'이라는 개념을 가져왔고, 이는 디지털 창작물에 적용되는 저작권법과 충돌하고 있다.

현재 NFT는 특금법상으로도 가상자산이라고 명확하게 규정되어 있지 않다. 따라서 법적 지위가 명확하지 않은 대상을 거래하는 것은 위험성이 매우 높은 행위라고 볼 수 있다.

03

NFT는 기존의 경제 생태계와 어떻게 융합될 수 있을까?

경제적 이슈

가상자산 변동성의 문제

NFT 거래에는 기본적으로 이더리움과 같은 스마트계약 기반 가상자산이 활용되도록 고안되어 있다. 그런데 가상자산은 가격 변동성이 매우 커서 거래를 위한 수단으로 활용되기가 어려울 수 있다.

2021년 5월에 4,000달러를 넘어섰던 이더리움은 단 2개월 만에 2,000달러 미만으로 곤두박질쳤으며, 2022년 현재 다시 큰 폭의 상승과 하락을 반복하고 있다. 이에 따라 NFT의 가격이 변동하므로, 분명 현재는 NFT가 안정적으로 거래될 수 있는 환경이

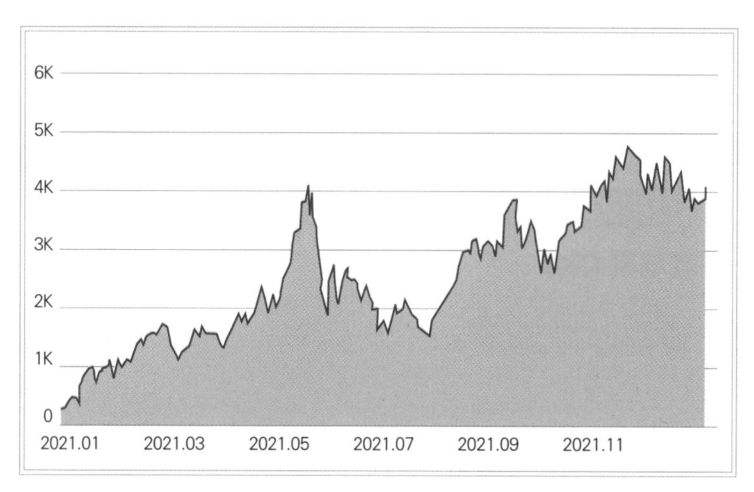

〈그림 6-2〉 이더리움의 가격 변화(2021)
자료: CoinDesk

아니다.

이런 변동성은 오히려 투기자들이 매력적으로 느낄 수 있기에 NFT를 기반으로 하는 가상자산의 높은 변동성에 매료된 투기 자본이 NFT 시장에 유입될 가능성을 열어놓기도 한다. 하지만 이 경우 NFT를 비롯한 가상자산 시장이 투기판이 될 수도 있다. 만약 금융기관이 민간에 공급한 대출 자금이 가상자산 시장으로 흘러 들어간다면, 가상자산 가격의 급격한 하락이 민간경제의 채무 불이행 문제를 심화할 수 있다.

이런 문제를 해결하고자 스테이블 코인(법정화폐로 표시한 코인의 가격이 거의 변동하지 않고 안정된 가상자산)을 도입하려는 움직임이 있다. 그러나 스테이블 코인이 법정화폐와 동일한 가치를 유지하기 위해서는 코인을 관리하는 중앙화된 기관이 필요하며, 이 중앙화된 기관이 지급준비금을 관리하고 법정화폐 상환 요구에 대응할 수 있어야 한다.

그런데 스테이블 코인의 대표 주자인 테더를 살펴보면 지급준비금이 미국 국채, 기업어음, 채권 등 다양한 형태로 구성되어 있다. 이는 사실상 코인을 빙자한 금융업이며, 탈중앙화가 불가능한 기존 금융 시스템으로의 회귀를 의미한다. 심지어는 기존 금융기관처럼 예금보험공사의 보장도 없기 때문에 더욱 위험할 수 있다.

실물경제와의 괴리

대체가 불가능하고 위조를 방지할 수 있는 NFT의 특성에 따라, 실물자산의 거래 이력을 증명하는 수단으로 NFT를 활용할 수 있다는 주장도 제기되고 있다. 그러나 이 또한 탈중앙화를 기반으로 한 신뢰망과 배치되는 프로세스를 수반한다. 디지털상에 기록된 정보를 실물경제에서 실질적으로 관리할 수 있는 주체가 필요하기 때문이다.

부동산 시장을 예로 들자면 실거래가 공개 시스템, 부동산 통계 정보, 입지 요건의 변화 등 국내 부동산에 대한 다양한 정보를 국토부에서 관리한다. 이처럼 디지털상으로 정보를 공시하는 것과 실물 상황과 연계해 데이터로 관리하는 곳은 국가 행정 시스템으로서 신뢰할 수 있는 행정기관이다. 또는 정보를 제공하고 거래를 주선하는 중개업자를 통해 이뤄지기도 한다. 따라서 디지털 정보를 실물경제 내에서 관리할 인센티브를 가진 주체가 없다면 거래 이력 관리의 투명성도 효과를 기대하기 어렵다.

기술이 가진 긍정적인 속성만으로는 기존의 경제 생태계에 적절한 형태로 융합하기 어렵다. 기술의 문제가 아니라 경제적 이해관계를 조율하고, 실물경제를 관리할 인센티브를 조직할 수 있는 시스템을 설계하는, 더 어렵고 중요한 문제라고 할 수 있다.

NFT는 가난한 작가들의 구세주가 아니다

NFT는 탈중앙화된 블록체인 플랫폼을 기반으로 한다. 그래서 블록체인 기술 기반 플랫폼이 제공하는 투명함과 형평성이라는 특징을 물려받는다고 흔히 이야기한다. NFT는 스마트계약을 이용하여 작가의 추급권(저작권 관련 대상물이 여러 번 옮겨져 누구에게 가 있더라도 이것을 추급하여 행사할 수 있는 권리)을 코딩하여 강제할 수 있으므로, 작품이 재판매되는 경우 수익의 일부를 작가가 배당받을 수 있다. 그래서 작가(특히 유명하지 않은 작가)에게 도움이 된다는 주장을 자주 접한다. 예술계에서는 마치 NFT가 가난한 무명 또는 신진 작가들의 구원과 희망처럼 느껴지는 것 같다. 그런데 실상을 들여다보면 사실은 정반대임을 알 수 있다. 이는 블록체인이 이용되는 대부분 산업에서 공통으로 나타나는 모순이다.

앞서 언급한 적 있는 캐나다의 예술가 앨러나 에징턴은 NFT 시장을 남성들이 지배하고 있다고 이야기했다. 또한 BBC도 NFT 시장에서는 마케팅적인 이슈를 만들 수 있는 작가들만이 성공할 수 있다고 보도했다. 세계의 많은 전시회 또는 아트페어에서 NFT를 이용하겠다고 말하지만, 대부분의 NFT 작품은 유명인의 제작물이다.

결론적으로, NFT를 통해 유명해지거나 이미 유명한 작가들만 NFT의 세계에서 성공할 수 있다는 의미다. 어떻게 보면 당연한 이야기라고 할 수 있다. 모든 작가가 NFT를 이용한다고 해서 성공할 수 있는 것은 아니기 때문이다. 이미 이야기했듯이 NFT는 기술보다는 NFT가 포함하는 작품이 더 중요하다.

04

NFT 시장이 사회에 야기할 수 있는 여러 혼란들

사회적 이슈

기술에 대한 규제는 필요한가?

기술의 발전은 늘 기존의 법체계 내에서 다루기 어려운 이슈들을 불러온다. 법이 미래에 탄생할 기술까지 모두 반영해서 만들어질 순 없기 때문이다. 따라서 새로운 기술의 등장은 기존의 질서체계를 훼손하지 않는 범위 내에서 수용될 수 있는지 검토되어야 하며, 체계적인 검토 없이 완화된 규제를 수용할 경우 오용 및 악용될 우려가 있다.

기술의 발전을 바탕으로 등장한 NFT는 기존 법체계 내에서 균열을 일으키는 속성을 가지고 있다. 저작권과 소유권의 충돌을 일으켰으며, NFT 마켓 플레이스가 이용자에게 부여하는 NFT 발행권리의 차이에 따라 표절과 같은 추가적인 법적 이슈가 파생됐다. NFT 또한 체계적인 법적 검토가 이뤄지지 않고 시장이 성장할 경우, 규제 공백이 확장돼 더 많은 문제점이 생겨날 가능성이 크다.

NFT 거래가 규제 공백을 활용해 악용될 소지가 있는 가장 큰 부문이 자금세탁이다. NFT 거래는 아직 규모가 제한적이기 때문에 가격 통제와 조작이 훨씬 쉽고, 예술과 창작 활동이라는 이름하에 객관적인 가치평가 기준이 없어 거래 금액의 부당성을 입증하기도 어렵다. 또한 NFT 마켓 플레이스를 통해 거래하기도 쉽기 때문에 거래 당사자들이 통제를 받지도 않는다. 단순한 상황을 가정하자면, 부모가 자녀의 NFT를 고가에 매입해 상속세 또는 증여세를 회피할 수도 있다. NFT에 대한 법적 지위가 명확하지 않아 이런 경우에도 적절한 규제 절차가 마련되어 있지 않다.

블록체인 및 암호화폐 업계에 종사하는 사람들은 '적기조례'를 예로 들어 규제를 최소화하자는 주장을 펼치기도 한다. 산업 규제는 기업의 혁신 활동을 저해하며, 기술 개발 의욕 및 기업가정신을 훼손할 수 있다는 우려 때문이다. 그래서 이들은 부정적인 결과를 초래할 수 있는 것들만 제한하고, 신성장 동력을 확보할 수 있는 분야에서는 규제 체제를 열거주의(Positive system)에서 포괄주의(Negative system)로 전환하자고 주장한다.

적기조례, 포괄주의와 열거주의

- 적기조례(Red flagship Act): 19세기 중반 영국에서 시행된 법률로, 자동차의 운용 방법에 대해 규정한 법률이다. 자동차를 발명한 영국이 규제 탓에 선발 국가로서의 경쟁력을 상실하게 된 사례로 자주 거론된다. 그러나 적기조례를 통해 산업 성장을 저해한다는 것도 역사적 사례를 잘못 적용한 것이다. 적기조례로 영국이 산업 주도권을 잃은 것은 경쟁 운송 수단(마차와 증기기관) 업계의 견제를 받아 만들어진 기이한 법률이었기 때문이다. 오히려 중립적인 제3자의 개입을 통해 합리적으로 이해관계를 조율해내지 못한 정부가 역할을 제대로 해내지 못한 것으로 봐야 한다. 규제의 존재 자체가 산업 발전을 저해했다고 보긴 어렵다.
- 포괄주의(Negative system): 제한, 금지하는 규정 및 사항을 나열하고 나머지는 원칙적으로 자유화하는 규제 원칙
- 열거주의(Positive system): 원칙적으로 모든 것을 금지하고 예외적으로 규제나 금지가 되지 않는 사항을 나열하는 규제 원칙

그러나 이는 규제의 본질을 이해하지 못하고 산업의 성장만을 맹목적으로 추구하는 이들의 단기적 이해관계에서 비롯된 입장에 불과하다. 규제란 본질적으로 경제질서를 확립하고 공익을 추구

하는 제도적 기반이다. 이를 위해 경제 주체들의 활동을 일부 제약할 수밖에 없다. 특히 기술 또는 업계가 사회에 미치는 영향력이 클수록 규제는 더욱 엄격해질 필요가 있다.

대표적인 예로, 블록체인 기술을 내걸고 ICO라는 이름하에 사업계획서만으로 초기 투자금을 모집하는 행위가 기승을 부리던 시기가 있었다. 그 일부는 규제 사각지대에서 ICO를 빙자한 다단계 금융사기였으며, 무분별하게 이뤄진 ICO로 투자금을 날린 피해자가 속출하기도 했다. 사회에 바람직하지 않은 결과를 불러오는 ICO 행위를 통제하기 위해 중국 정부는 ICO를 불법 행위로 규정했으며, 한국 정부도 ICO를 금지했다.

시장의 성장보다 중요한 것이 공익을 훼손할 잠재성을 사전에 차단하는 것이다. 특정 산업의 구성원들은 정부가 혁신의 발목을 잡는다는 프레임을 씌워 자신의 행동을 정당화하려는 위험한 노력을 기울인다. 심지어 정부의 입장에 맞서 규제 체계 밖에서 독자적인 노선을 구축해 산업의 발전을 도모하겠다는 입장을 취하기도 한다. 그러나 이런 시도는 장기적으로 산업 성장에도 유익하지 않다. 정당성에 입각한 규제를 바탕으로 해야 전통적인 금융기관의 지원에 힘입어 투자금을 마련하고 산업 생태계를 더욱 빠르게 확장할 수 있기 때문이다.

규제를 산업 성장을 저해하는 요소로 볼 것이 아니라, 산업이 장기적으로 가치를 창출할 수 있도록 지원하는 제도적 기반으로 보는 것이 더욱 타당하다. 대규모 규제 완화를 내걸고 '금융 혁신'이라는 이름으로 성장했던 금융 산업은 2008년 금융위기라는 결과와 함께 국제적인 경기 침체를 일으켰다. 국내에서 자본 자유화와 금융 자유화라는 이름으로 진행된 대폭적인 규제 완화는 IMF 사태를 초래하는 데 핵심적인 역할을 했다. 어떤 위험한 결과가 나타날지 예상할 수 없다면, 엄격한 규칙을 적용하는 것이 장기적 이익에 부합한다.

현재 NFT 시장은 언론, 산업계 등에서 큰 관심을 받고 급격한 성장세를 보이고 있다. 그러나 터무니없는 가격, 미흡한 과세 체계, 표절, 자산으로서의 모호한 법적 지위, 자금세탁 위험성 등을 고려하면 해결해야 할 문제들이 많다. 심지어는 디지털 창작물에 '소유권'이라는 개념을 결합해 기존의 법적 질서까지 훼손하는 사례도 있다. 새롭게 등장하고 사회구조의 혼란을 증폭시킬 수 있는 기술은 그 활용 방식을 입법기관과 조율하여 정당한 절차를 통해 설정하는 것이 마땅하다.

군중 심리로 인한 가치판단 기준의 붕괴

새로운 기술의 등장은 대규모 자본을 끌어들이는 유인이 된다. 증기기관의 탄생은 철도 산업에 대한 투기를 불러왔고, IT 기술의 발전은 새로운 기술에 대한 기대감과 함께 IT 버블을 만들었다. 그리고 이런 버블의 배경에는 시중의 풍부한 유동성이 자리했다.

철도 버블이 일어나던 영국은 당시로서는 이례적으로 낮은 수준의 금리(2.5%)를 기록했다. IT 버블이 발발하던 시기의 미국은 국제교역에서 적자 규모가 차츰 줄어들자 정부가 발행하는 채권 규모를 줄였고, 미국 국채에 투자되지 못한 막대한 양의 자금이 증시로 흘러 들어갔다.

현재 NFT에 대한 시장의 반응도 비슷한 맥락에서 이해할 수 있다. 코로나19 발발 이후 경기를 부양하기 위해 각국 정책 당국은 역사적으로 가장 낮은 수준의 금리를 설정했고, 민간 부문의 파산을 막기 위해 대출 기준을 급격히 완화해 금융 시스템에 대규모 유동성을 투입했다. 또한 코로나19로 비대면이 일상으로 자리 잡자 메타버스를 비롯해 디지털 공간에서 상호작용할 수 있는 기술에 대한 관심이 높아졌다. 이로 인해 '언택트 경제'에 유용할 것으로 판단되는 기술에 대한 관심과 투자가 급증했다. 메타버스 및 NFT와 관련된 기업의 주가는 짧은 시간에 믿을 수 없는 속도로 치솟았다.

물론 NFT와 같이 법적 지위도 명확하지 않은 자산에 대해 기대감이 지속적으로 고조되는 배경에는 개인의 심리 상태도 있다.

행동경제학적 연구 결과에 따르면, 개인은 손실이 급격히 늘어난 상황에 마주치면 실수를 한 번에 만회하기 위해 더욱 위험성이 높은 대상에 베팅한다. 또한 손실이 불어난 상황에서 노련한 투자자가 아니라면 개인들은 스트레스 탓에 합리적인 판단 능력을 점차 잃게 된다.

코로나19로 급격히 침체된 실물경제 환경은 수많은 개인에게 경제적 타격과 함께 정신적 스트레스를 안겼고, 이는 개인들이 더욱 위험한 투자안을 선택하게 했다. 코로나19 이후 비트코인이 급격한 상승세를 보이자 투자에 관심이 없던 개인들조차 새로운 기술에 관심을 갖기 시작했다. 블록체인 기술의 연장선상에 있으며, 메타버스와 가장 잘 결합할 수 있는 기술이라고 홍보된 NFT의 등장은 투기심리를 더욱 자극했다.

스트레스 속에서 '한 방'을 노리고 투자에 뛰어든 참여자 수가 늘면서 자산 가격 상승세가 이어졌고, 상승장이 만들어낸 낙관은 더 많은 투자자가 유입되게 해 시장을 과열시켰다. 이런 시장 과열은 미성숙한 투자자들이 대거 유입될 때 더 빈번하게 나타난다. 시장에서 경험이 부족한 투자자들은 투자에 따른 수익과 손실에 대한 신경학적 반응이 전문 투자자들과는 다른 방식으로 나타난다.

2001년에 하버드 의대 연구팀의 연구 결과에 따르면, 신입 투자자들의 경우 투자이익이 발생하면 뇌의 시상하부와 편도체 일부 그리고 측좌핵이 자극을 받고 도파민이 분비된다. 이런 반응은 약물 중독자가 코카인을 투여받을 때와 상당히 유사하다고 한다. 즉, 일종의 중독 현상이다. 그래서 한동안 이익에 '취해' 상승장이 예상보다 오래 지속될 수 있다.

또한 ICO와 NFT 시장은 시장 참여에 대한 별도의 규정이 없기 때문에 투자자 유입이 더욱 쉽게 일어난다. 반면 객관적인 지표를 바탕으로 투자 의사결정을 해야 하는 기관투자자들에게는 법적 지위조차 명확하지 않은 자산에 투자하는 것이 법적으로 허용되지 않는다. 이런 이유로 시장에는 합리적 투자자의 수가 적고, 자산의 적정한 수준을 벗어난 가격이 쉽게 형성된다.

물론 적정한 가격 수준을 평가할 수 있는 체계가 NFT 및 암호화폐 시장에도 존재하는지 의문스럽다. 결국 인간 본성과 시장 환경의 결합이 만들어낸 가격 상승은 흔히 '집단 광기'라고 불리는 역사적 버블의 가장 보편적인 시나리오다.

NFT의 핵심은 커뮤니티다?

블록체인 그리고 NFT에 대한 이야기를 할 때 자주 듣는 말이 있다.

"NFT가 한때 유행으로 사라지지 않고 지속 성장하기 위해서는 '커뮤니티' 생태계가 필요하다. 핵심은 NFT다."

즉 블록체인 기반 생태계(여기서 말하는 생태계는 사실 돈이 도는 경제 환경을 의미한다)와 NFT 생태계에서 가장 중요한 요인은 그 생태계에 참여하는 사람들이라는 이야기다. 많은 사람이 NFT 생태계에 적극적으로 참여하고 소통하고 교류해야 NFT 생태계가 활성화되고 의미를 가지게 된다는 의미다.

이런 커뮤니티의 중요성에 대한 대표적인 사례로 크립토펑크를 꼽는다. 현재 NFT 시장에서 가장 인기가 있는 크립토펑크를 두고 커뮤니티에서는 자신의 지위나 정체성을 드러내는 수단으로 활용하기도 한다. 얼핏 들어보면 일리 있는 이야기인 듯싶다.

이제 NFT라는 단어를 다른 말로 바꿔보자.

- 인터넷이 한때 유행으로 사라지지 않고 지속 성장하기 위해서는 '커뮤니티' 생태계가 필요하다. 핵심은 인터넷이다.
- 메타버스가 한때 유행으로 사라지지 않고 지속 성장하기 위해서는 '커뮤니티' 생태계가 필요하다. 핵심은 메타버스다.
- 게임이 한때 유행으로 사라지지 않고 지속 성장하기 위해서는 '커뮤니티' 생태계가 필요하다. 핵심은 게임이다.

다 말이 된다. 그런데 뭔가 좀 이상하지 않은가? 너무 'IT스러워서' 억지스럽다면 다음 문장들을 살펴보자.

- 배달 앱이 한때 유행으로 사라지지 않고 지속 성장하기 위해서는 '커뮤니티' 생태계가 필요하다. 핵심은 배달 앱이다.
- 이직 시장이 한때 유행으로 사라지지 않고 지속 성장하기 위해서는 '커뮤니티' 생태계가 필요하다. 핵심은 이직 시장이다.
- 한류 열풍이 한때 유행으로 사라지지 않고 지속 성장하기 위해서는 '커뮤니티' 생태계가 필요하다. 핵심은 한류 열풍이다.
- 패션이 한때 유행으로 사라지지 않고 지속 성장하기 위해서는 '커뮤니티' 생태계가 필요하다. 핵심은 패션이다.

이제는 좀 이상한 느낌이 구체화되는 느낌이다. 투자와 경제 생태계가 아니라고 말하고 싶을지도 모르는 당신을 위해 다음을 준비했다.

- 주식이 한때 유행으로 사라지지 않고 지속 성장하기 위해서는 '커뮤니티' 생태계가 필요하다. 핵심은 주식이다.

- 부동산이 한때 유행으로 사라지지 않고 지속 성장하기 위해서는 '커뮤니티' 생태계가 필요하다. 핵심은 부동산이다.
- 스타트업이 한때 유행으로 사라지지 않고 지속 성장하기 위해서는 '커뮤니티' 생태계가 필요하다. 핵심은 스타트업이다.

이제는 확인사살을 할 때다. 올림픽이 끝나면 아마 다음과 같은 말을 자주 들을 것이다.

- 양궁이 한때 유행으로 사라지지 않고 지속 성장하기 위해서는 '커뮤니티' 생태계가 필요하다. 핵심은 양궁이다.
- 탁구가 한때 유행으로 사라지지 않고 지속 성장하기 위해서는 '커뮤니티' 생태계가 필요하다. 핵심은 탁구다.
- 배드민턴이 한때 유행으로 사라지지 않고 지속 성장하기 위해서는 '커뮤니티' 생태계가 필요하다. 핵심은 스배드민턴이다.
- 체조가 한때 유행으로 사라지지 않고 지속 성장하기 위해서는 '커뮤니티' 생태계가 필요하다. 핵심은 체조다.

블록체인과 코인이 유행하던 2017년에도 이와 똑같은 논리가 유행했다. 상식적으로 생각해보면 사람들이 모여 활발하게 활동하는 커뮤니티가 활성화되어 있다면, 그게 무엇이든 성공할 수밖에 없다.

NFT에서 커뮤니티가 중요하다고 말하는 것은 그냥 할 말이 없어서 또는 방법을 몰라서 하는 말이거나 특별한 목적을 가지고 반박할 수 없는 당위적인 이야기를 하는 것이라고 생각한다. 커뮤니티는 당연히 중요하다. NFT만이 아니라 모든 사회현상에서 말이다.

앞서 이미 몇 번이나 언급했지만 NFT는 문화예술 산업 그리고 금융 산업의 디지털 연장선상에 자리하고 있기 때문에 결국 문화예술 산업과 금융 산업 안에서 성공 요인을 물려받게 될 것이다.

문화예술 산업에서 성공하는 데 가장 중요한 요인이 무엇일까? 바로 콘텐츠다.

그렇다. NFT가 살아남으려면. 그리고 성공하려면. NFT가 소유권을 증명하는 콘텐츠가 훌륭하고 가치 있어야 하는 것이지 억지로 사람들을 모아서 '우리 NFT를 성공시키기 위해 커뮤니티를 만듭시다'라고 세뇌해야 하는 것이 아니다. 물론 지금까지 논의한 NFT의 여러 문제점을 해결해야 한다는 것은 또 다른 이야기다.

NFT의 성공을 위해서 인위적인 커뮤니티를 만들자는 것은 결국 블록체인과 코인에서 이미 봤던 인위적인 수요 조작 행태라고 볼 수 있다. 이들에게는 NFT가 다음 버블 형성의 목표가 된 것일 수도 있다.

다양한 문제점이 있긴 하지만, NFT는 활용할 방법이 무궁무진하다. 또한 아직까지 한 번도 성공한 적이 없는 유의미한 블록체인의 활용 사례가 될 잠재성도 가지고 있다. 이런 NFT 기술 그리고 시장이 내실을 다지고 장기적으로 발전할 수 있기를 바란다.

에필로그

아마도 NFT는 현재 가장 뜨거운 키워드가 아닐까 생각한다. 너도 나도 NFT를 외치고 있다. NFT라는 말만 붙여도 주가가 폭등하고, NFT를 이용해 돈을 벌었다는 사람들이 속출하고 있다. NFT를 적용하기만 해도 한 번도 전시회를 열지 못했던 작가의 작품을 수억 원에 구매하겠다는 컬렉터가 나타난다.

상식적으로 보면 지금 NFT 시장의 상황은 이상해도 많이 이상하다. 뭔가 잘못되어 있다. 우리는 이와 비슷한 경험을 가까운 과거에 한번 해봤다. 그렇다, 비트코인이다. 2017년 비트코인 가격이 가파르게 오를 때, 돈을 벌었다는 사람들이 속출하고 블록체인만 붙여도 주가가 폭등했다. 역시나 상식적으로는 이해가 가지 않았다.

2017년 비트코인에 투자하는 사람들에게 이런 질문을 던졌다.

"왜 비트코인을 구매하세요?"

열 중 다섯은 이렇게 대답했다

"나중에 오른대요, 돈을 벌고 싶어서요."

하지만 나머지 다섯은 다른 답을 주었다.

"미래의 화폐이자 혁신이라고 생각해서요."

이번에도 당신은 똑같은 질문에 대해 답을 고민해봐야 한다.

"왜 NFT에 관심을 가지시나요? 왜 이 책을 읽으셨나요?"

NFT에 투자해서 돈을 벌고 싶어서? NFT로 비즈니스를 하고 싶어서? NFT로 작품을 만들고 싶어서? NFT가 궁금해서?

스스로 도출해낸 답에 따라 NFT를 바라보고 이해하는 관점이 바뀌어야 한다. 이 책은 NFT를 바라보고 이해하는 데 도움을 주고자, NFT가 가장 유용할 것으로 생각되는 문화예술과 금융의 관점에서 다양한 예를 들어 이야기를 전개했다.

현재 과열되어 있는 NFT 시장은 단기적인 시장의 광기에 의한 거품일 뿐이다. 만약 NFT라는 기술이 살아남는다면, NFT 시장은 지금과는 매우 다른 양상으로 발전하게 될 것이다. 물론 NFT가 살아남는다면 말이다.

그때도 당신은 NFT를 궁금해할까? 정말 NFT가 유용한 기술로 살아남는다면, 그리고 지금처럼 혼탁한 NFT 시장이 어느 정도 자리를 잡고 나면 아마도 당신은 지난날을 떠올려보게 될 것이다. 왜 NFT에 관심을 두게 되었는지 말이다.

그때 NFT를 어떻게 바라봐야 할지 스스로 결정할 수 있다면 아마도 이 책을 읽었던 기억이 떠오를지도 모르겠다. 그 기억과 더불어 이 책이 도움이 됐다고 말할 수 있으면 좋겠다.

NON
FUNGIBLE
TOKEN

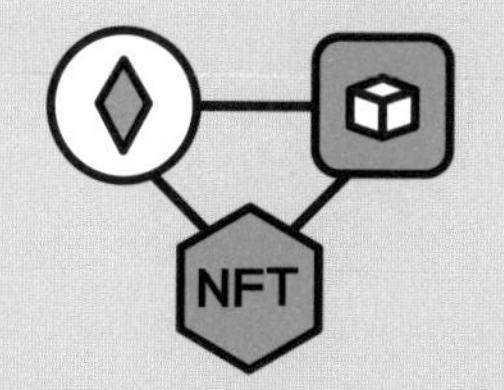
NFT

디지털 경제 생태계가 만들어갈 새로운 기회
NFT 미래수업

제1판 1쇄 인쇄 | 2022년 2월 25일
제1판 1쇄 발행 | 2022년 3월 7일

지은이 | 홍기훈
펴낸이 | 유근석
펴낸곳 | 한국경제신문 한경BP
책임편집 | 윤효진
교정교열 | 공순례
저작권 | 백상아
홍보 | 서은실 · 이여진 · 박도현
마케팅 | 배한일 · 김규형
디자인 | 지소영
본문디자인 | 디자인 현

주소 | 서울특별시 중구 청파로 463
기획출판팀 | 02-3604-590, 584
영업마케팅팀 | 02-3604-595, 583 FAX | 02-3604-599
H | http://bp.hankyung.com E | bp@hankyung.com
F | www.facebook.com/hankyungbp
등록 | 제 2-315(1967. 5. 15)

ISBN 978-89-475-4801-4 03320

책값은 뒤표지에 있습니다.
잘못 만들어진 책은 구입처에서 바꿔드립니다.